Michael Junge Jakob Lorbers Laodizenerbrief

AF206375

Michael Junge

Jakob Lorbers Laodizenerbrief

Ein Forschungsbeitrag

Der Autor
Michael Junge, geboren 1960 in Berlin, Verlagskaufmann, seit den Achtzigerjahren mit der Neuoffenbarung Jakob Lorbers vertraut. Kontakt: *junge.michael@hotmail.de*

© 2017 Michael Junge
Alle Rechte vorbehalten
Lektorat: Dr. Katja Furthmann, Kleinmachnow
Umschlaggestaltung: Kersten Urbanke, Berlin
Umschlagfoto: Kirchenschiff der Dankeskirche Düsseldorf-Benrath; Markus Ruchter, Düsseldorf
Herstellung und Verlag: BoD – Books on Demand, Norderstedt
Printed in Germany
ISBN: 978-3-7448-8216-3

Geleitwort

Wie viele antike Schriften gilt auch der Brief an die Laodizener als verloren. Im Neuen Testament wird er erwähnt, aber er ist dort nicht überliefert.

Zugang zu dieser Schrift soll eine „Neuoffenbarung" eröffnen: Der steirische Musiker und „Schreibknecht Gottes" Jakob Lorber (1800–1864) will den authentischen Laodizenerbrief als Diktat von Jesus Christus empfangen haben. Anhänger seines Schrifttums sind bis heute davon überzeugt.

Michael Junge hinterfragt den Anspruch der Neuapokryphe Lorbers kritisch. Detailliert und umsichtig analysiert er die 140 Verse des Laodizenerbriefs und vergleicht sie mit dem neutestamentlichen Kolosserbrief. Dabei stößt er auf viele Widersprüche. Mit dieser Studie legt der Autor einen wichtigen Beitrag zur kritischen Auseinandersetzung mit dem von Lorber-Freunden erhobenen „Neuoffenbarungsanspruch" vor.

Dr. Matthias Pöhlmann
Kirchenrat
Beauftragter für Sekten- und Weltanschauungsfragen der
Evangelisch-Lutherischen Kirche in Bayern, München

Vorwort

> Verlass dich auf den HERRN von ganzem Herzen, und verlass dich nicht auf deinen Verstand, sondern gedenke an ihn in allen deinen Wegen, so wird er dich recht führen. (Sprüche 3, 5–6)

Mit diesem Taufspruch wurde ich am 1. Januar 1961 in der Epiphanienkirche in Berlin-Charlottenburg in die Ekklesia, die Gemeinde der Gläubigen, aufgenommen. Welche Rolle er im Laufe der Jahre für mich spielen sollte, zeigt sich an meiner Beziehung zur Ekklesia und zum Neuoffenbarer Jakob Lorber.

Anfang der 80er-Jahre stand ich der Kirche fern. Ich hatte als Suchender keinen Zugang zur Bibel und empfand mich auch nicht als Herausgerufener. In jenen Jahren machte mich ein Bekannter auf das Werk von Jakob Lorber aufmerksam. Es weckte meinen religiösen Verstand und ich glaubte, daraus alles erklären zu können. Die Jenseitswerke wie auch die Aussagen über das Beten suggerierten mir, dass die Ekklesia überflüssig sei und mit „Entartungen" einhergehe. Geführt von meinem religiösen Verstand, trat ich am 18. April 1984 ohne seelsorgerliches Gespräch aus der evangelischen Kirche aus.

1994 veröffentlichte die Lorber-Gesellschaft in ihrer Zeitschrift „Geistiges Leben" eine Rezension über Matthias Pöhlmanns Buch „Lorber-Bewegung – durch Jenseitswissen zum Heil?". Ich empfand die Rezension als derart tendenziös, dass ich gerade deshalb Pöhlmanns Buch zu lesen begann. Hier empfing ich den ersten Impuls, Lorbers Werk einmal grundsätzlich zu hinterfragen. Mein kritischer Fokus lag nun nicht mehr bei anderen Gemeinschaften und den Kirchen, sondern bei Lorber und der Lorber-Bewegung selbst. Trotz der „Theologie für Nichttheologen" und des „Gebets zur geistigen Wiedergeburt" wurde ich so geführt, dass ich Gottesdienste besuchte. Das Ergebnis meiner Hinterfragung war die Publikation „Dokumentation um Jakob Lorber", die 2004 erschien. Der langjährige Kontakt zum Apologeten und Pfarrer Dr. Matthias Pöhlmann und die Gottesdienste in der Dankeskirche Düsseldorf-Benrath trugen dazu bei, dass ich am 3. Mai 2017 wieder in die evangelische Kirche eintrat.

Heute gehören Glaube, Kirche und Ekklesia für mich untrennbar zusammen, denn Christus, Kyrios, ist der Herr und somit auch Haupt der Ekklesia. Das Feiern der Gottesdienste ist fester Bestandteil meines Glaubens, ich komme damit der Heiligung des Feiertags nach. Denn nur hier vollziehen sich gemeinsame Anbetung, offenes Bekenntnis, das Hören der Predigt, liturgischer Gesang und der Empfang von Gottes Segen. Das gemeinsame Singen von Liedern aus dem Evangelischen Gesangbuch spielt dabei für mich und viele andere Gläubige eine große Rolle: Es ist ein Beten, bei dem sich der Gläubige mit all seinen Sinnen Gott zuwendet. Der Gottesdienst ruft auf, in der Heiligen Schrift zu lesen, und zwar betend und von ganzem Herzen, und bewahrt vor einer eigenwilligen Auslegung. Er ermutigt zur Nachfolge Christi und macht den Glauben erfahrbar. Ich freue mich über das sichtbare Zeichen Gottes in der Taufe und empfinde tiefe Ehrfurcht ebenfalls beim zweiten sichtbaren Zeichen Gottes, dem Heiligen Abendmahl.

Mein Wiedereintritt in die evangelische Kirche möge die Kerngemeinde stärken und noch Distanzierte herzlich dazu einladen. In, mit und für die Kirche zu beten, erachte ich für wichtig, denn es gilt vor allem, die Einigkeit im rechten Glauben zu wahren.

Düsseldorf, Dezember 2017
Michael Junge

Inhalt

I Einleitung

1.1 Laodizenerbrief und Kolosserbrief

Der lateinische Laodicenerbrief (Laod) entstand vermutlich um 150 n. Chr. (Berger/Nord 1999). Er ist in zahlreichen Bibelübersetzungen des 5. und 6. Jahrhunderts überliefert und wurde später ins Griechische rückübersetzt. Sein Ursprung bleibt jedoch ein Rätsel und bis heute gilt er als verloren. Der unbekannte Verfasser des Laod übernahm paulinische Formulierungen. Der abschließende Vers deutet darauf hin, dass der Laod das im Kolosserbrief[1] genannte Schreiben ersetzen sollte (vgl. Betz 2008, S. 78).

Der Kolosserbrief besteht aus vier Kapiteln mit insgesamt 95 Versen und entstand laut Berger/Nord (1999) um 60 n. Chr. Wie auch der Laodizenerbrief stammt er nicht von Paulus selbst, sondern wurde von Paulus' Schülern nach seinem Tod verfasst. Der Kolosserbrief steht den authentischen Paulusbriefen inhaltlich in der Christologie und Eschatologie sehr nahe und gilt damit als wichtiges Zeugnis des frühen Christentums.

---

[1] „Und wenn der Brief bei euch gelesen ist, so sorgt dafür, dass er auch in der Gemeinde von Laodizea gelesen wird und dass ihr auch den von Laodizea lest." (Kol 4,16)

1.2 Der Apostel Paulus

Saulus von Tarsus in Zilizien (um 10 – um 64 n. Chr.), ein gottesfürchtiger und eifernder Pharisäer, verfolgte zunächst die Gemeinde Jesu, um ihre Anhänger als Gefangene dem Hohepriester in Jerusalem zu übergeben. Beim Verfolgen der Anhänger des neuen Weges um Damaskus zwischen 32 und 35 n. Chr. traf Saulus das Licht aus dem Himmel, sodass er zu Boden stürzte. Eine äußere Stimme fragte ihn: „Saul, Saul, was verfolgst du mich?" Saulus verstand das Zeichen Gottes und fragte gefasst: „Herr, wer bist du?" Die erschütternde Antwort lautete: „Ich bin Jesus, den du verfolgst. Steh auf und geh in die Stadt; da wird man dir sagen, was du tun sollst." Als er aufstehen wollte, merkte er, dass er blind war. So führten ihn seine Anhänger nach Damaskus, wo er drei Tage betete und weder aß noch trank. Saulus hatte eine Erscheinung im Gebet. Der Jünger Hananias wurde von Gott beauftragt, Paulus von seiner Blindheit zu heilen und ihn zu taufen. So wurde aus Saulus Paulus, der Heidenapostel, erster christlicher Theologe. Er starb nach zweijähriger Gefangenschaft als Märtyrer in Rom. Die Frucht des Heiligen Geistes sind unter anderem die 13 paulinischen Briefe, die Eingang ins Neue Testament fanden.

1.3 Jakob Lorber und die „lebendige Stimme"

Von einem Erlebnis, das an die Bekehrung des Paulus erinnern mag, berichtete der österreichische Musiker Jakob Lorber (1800–1864). Laut seiner Aussage hat er sich am

15. März 1840 im Morgengebet befunden, als er an der Stelle des Herzens eine Stimme hörte, die ihm zurief: „Steh' auf, nimm deinen Griffel und schreibe!" Diese innere Stimme hörte nur er. Lorber fragte nicht, wer die Stimme sei. Das Angebot für eine neue Anstellung, das er gerade erhalten hatte, lehnte er unverzüglich ab und diente seitdem der „lebendigen Stimme" bis zu seinem Lebensende. Er bezeichnete sich als „Schreibknecht Gottes" und hinterließ ein umfangreiches Schriftwerk über geschätzte 10 000 Druckseiten, das heute gemeinhin als „Neuoffenbarung" gilt, wenngleich sich der Begriff nirgendwo in Lorbers Werk findet. Er wurde erstmals vom Pfarrer Hermann Luger 1923 in einem Vortrag verwendet und anschließend von Lorber-Interpreten verbreitet. Für Luger (1923, S. 78) stehen die Bibel wie auch das Werk Lorbers „auf demselben göttlichen Boden. Lorbers Schriften atmen durchaus biblischen Geist." Lorber vertraute sich weder einem Priester an noch predigte er – und dennoch empfand er sich als Knecht des Herrn. Er beansprucht die „lebendige Stimme" für sich und stellt dadurch die Sündenvergebung durch den Empfang des Heiligen Geistes in Abrede, worauf bereits die ersten Worte seines Werkes schließen lassen: „Jedoch die Reinen nur, deren Herz voll Demut ist, sollen den Ton Meiner Stimme vernehmen."

Zu Lorbers umfangreichem Werk zählen auch apokryphe, angeblich verschollene urchristliche Quellen wie der Laodizenerbrief des Paulus. Er wurde mittlerweile ins Englische, Italienische, Niederländische, Portugiesische, Griechische, Lettische und Slowenische übersetzt. Gemeinsam

mit dem Briefwechsel zwischen Jesus und Abgar Ukkama
sowie einigen anderen von der „lebendigen Stimme" diktierten Briefen entstand der Laodizenerbrief vermutlich
1844 in Greifenburg (Oberkärnten), als sich Lorber bei seinen Brüdern aufhielt, um ihnen bei ihren Holzgeschäften
zu helfen (Daxner 2003, S. 99). Der Laodizenerbrief umfasst drei Kapitel mit insgesamt 140 Versen. Laut Vorwort
der 1851 veröffentlichten Erstausgabe – in der übrigens Jakob Lorber nicht als Autor genannt wird – wurde der Brief
1844 auf Bitte eines „wißbegierigen guten Christen" (o. A.
1851, S. 4) niedergeschrieben. Die derbe Ausdrucksweise
des Briefes rechtfertigt der Autor des Vorworts mit den
alttestamentlichen Propheten. Im Vorwort zur Ausgabe
von 1980, die auch der folgenden Analyse zugrunde liegt,
setzt Otto Zluhan den Fokus auf den Verfall in ein „zere-
monielles Kirchenchristentum" und stellt ihm das Ideal
eines „reinen Geisteschristentums" entgegen. Verwiesen
wird auf Parallelen zum Neuen Testament, die jedoch gar
nicht bestehen, wie in der Analyse detailliert zu zeigen
sein wird. Lorber jedenfalls war von der Authentizität
überzeugt, wie es auch heute noch die Lorber-Gesellschaft
und die Neuoffenbarungsanhänger sind. Ein hoher Anspruch, der höchste Prüfung verdient.

1.4 Ziel der Analyse

Unter den 140 Versen des lorberschen Laodizenerbriefs[2] finden sich 59 eigenständige Verse, 81 wurden zu großen Teilen aus dem Kolosserbrief[3] oder den Evangelien übernommen und mehr oder weniger stark abgewandelt. Die vorliegende Analyse konzentriert sich auf die teils erheblichen Unterschiede, die sich zwischen diesen Versen und ihren Entsprechungen im Kolosserbrief auftun, und verdeutlicht ihre Konsequenzen.

Ziel ist es, eine differenzierte Beurteilungsgrundlage zu liefern. Die Analyse soll klären, ob der Geist des „armen Propheten" tatsächlich aus Gott ist, nur weil er „Jesum Christum" bekennt (o. A. 1851, S. 6), und ob die vielfach beteuerte Demut des „Schreibknechts Gottes" sowie das Plädoyer für ein „reines Geisteschristentum" auch einer sachlichen Prüfung standhalten. Dies soll Christen zu beurteilen helfen, ob jeder religiöse Inhalt gleichsam göttlichen Ursprungs ist.

---

[2] Lorber, Jakob: Paulus' Brief an die Gemeinde in Laodizea. Bietigheim: Lorber-Verlag, 1980.
[3] Die Bibel. Lutherübersetzung. Revidierte Ausgabe. Deutsche Bibelgesellschaft, 2017.

II Analyse von Lorbers Laodizenerbrief

1. Kapitel

Lorber, Kap. 1, Vers 1

Paulus, ein Apostel Jesu Christi durch den Willen und durch die Gnade Gottes, und der Bruder Timotheus

Kolosser 1,1

Paulus, Apostel Christi Jesu durch den Willen Gottes, und Timotheus, der Bruder

Bereits im ersten Vers findet sich eine bezeichnende Ergänzung: Aus dem reformatorischen Prinzip *sola gratia* wird „und durch die Gnade". Die nebenordnende Konjunktion „und" lässt Gnade fast bedeutungslos wirken.

Lorber, Kap. 1, Vers 2

der heiligen Gemeinde von Laodizea und allen den gläubigen Brüdern in Jesu Christo in ihr und den Weisen im Geiste Gottes. Gnade sei mit euch und der wahre Friede von Gott, unserm Vater, in dem Herrn Jesu Christo!

Kolosser 1,2

an die Heiligen in Kolossä, die Brüder und Schwestern, die an Christus glauben: Gnade sei mit euch und Friede von Gott, unserem Vater!

Die Ergänzung „der wahre Friede" impliziert, dass es auch einen „falschen Frieden" gibt. Neben „den gläubigen Brüdern" erscheint die erste eigenständige Aussage: „den Weisen im Geiste Gottes". Lorber empfand sich als ein solcher. Am auffälligsten ist jedoch der Verzicht auf die Nennung von „Schwestern". Bewusst umgangen wird damit das bereits in der Gemeinde der Kolosser gängige Verständnis, dass Frauen die gleiche Würde von Gott geschenkt bekommen haben wie Männer. Abgesehen von den zwei kurzen Briefen an Titus und Philemon, ist in der revidierten Lutherbibel erstmals auch in den anderen elf paulinischen Briefen von Brüdern und Schwestern die Rede.

Lorber, Kap. 1, Vers 3	Kolosser 1,3
Wir danken und loben und preisen aber allezeit Gott, den Vater unseres Herrn Jesu Christi, und tragen große Sorge um euch und beten allezeit für euch zu Gott.	Wir danken Gott, dem Vater unseres Herrn Jesus Christus, und beten allezeit für euch,

Neben der Doxologie fällt vor allem „große Sorge" als abwandelnde Ergänzung auf. Dies hebt die Bedeutung des Laodizenerbriefs auch für alle Gemeinden hervor: Die Sorge scheint so groß zu sein, dass sie in der Lobpreisung Gottes thematisiert wird, was einem Traditionsbruch gleichkommt.

Lorber, Kap. 1, Vers 4

Denn wir haben vernommen durch des Herrn Geist
und durch den Bruder Epaphras und durch Nymphas, daß ihr in manchen Stücken abgefallen seid

Die „große Sorge" bezieht sich darauf, dass die Gemeinde
von Laodizea „in manchen Stücken abgefallen" sei. Paulus
habe nicht nur von Epaphras und Nymphas davon erfahren, sondern auch unmittelbar durch „des Herrn Geist" –
er beruft sich somit auf seine paranormalen Fähigkeiten.
Aus der weiblichen Nympha wird hier erstmals der männliche Nymphas, der ansonsten in keiner Epistel erscheint.

Lorber, Kap. 1, Vers 5

und habet euch erwählt einen Bischof und eine
Geistlichkeit und wollet machen aus Christo einen
Götzen – und habet euch bestimmet ein Haus, einen
Tag und verbrämte Kleider

Die Begründung der „großen Sorge" wird hier entfaltet. Sie
gipfelt darin, dass man durch die Erwählung eines Bischofs
und einer Geistlichkeit aus „Christo einen Götzen" machen
wolle. Die „Weisen im Geiste Gottes" (Kap. 1, Vers 2) sind
genehm, die „Geistlichkeit" wird dagegen stigmatisiert.

Lorber, Kap. 1, Vers 6	*Kolosser 2,11*
also, wie es war zum Tei-le unter den Heiden und unter den Juden, da noch die Beschneidung des Fleisches galt vor Gott,	In ihm seid ihr auch be-schnitten worden mit einer Beschneidung, die nicht mit Händen ge-schieht, durch Ablegen

| die Er angeordnet hatte unter dem Vater Abraham zum Vorzeichen der lebendigen Beschneidung des Geistes durch Jesum Christum in euch. | des sterblichen Leibes, in der Beschneidung durch Christus. |

Im Zusammenhang mit dem Abfall vom rechten Glauben wird hier die Beschneidung durch Christus in abgewandelter Form erwähnt. Bestimmte Häuser und Tage werden zur Beschneidung des Fleisches in Beziehung gesetzt. Dem steht die lebendige Beschneidung des Geistes gegenüber. Die „lebendige Stimme" vermittelt die „lebendige Beschneidung".

Lorber, Kap. 1, Vers 7	*Kolosser 2,1*
Das aber lasse ich euch nun wissen, auf daß ihr erfahret, welch einen Kampf ich zu leiden habe um euretwillen, die ihr gesehen und nicht gesehen habet das Fleisch meiner Person,	Ich will euch nämlich wissen lassen, welchen Kampf ich für euch und für die in Laodizea und für alle führe, die mich nicht von Angesicht gesehen haben,

In dieser Abwandlung wird der Kampf betont, den Paulus in seiner „großen Sorge" zu leiden habe. Im Vers zuvor wird Fleisch abgewertet, hier dagegen spricht er vom „Fleisch [s]einer Person", was sein kämpfendes Leiden nochmals unterstreicht.

Lorber, Kap. 1, Vers 8	*Kolosser 2,2*
und auf daß ihr kräftig ermahnet werdet in eurem Herzen und dann zusammennehmen möchtet eure Liebe, in welcher ist aller Reichtum des gewissen Verstandes, um zu erkennen das große Geheimnis Gottes, des Vaters, in Seinem Sohne Jesu Christo,	auf dass ihre Herzen gestärkt und verbunden werden in der Liebe und zu allem Reichtum an der Fülle der Einsicht, zu erkennen das Geheimnis Gottes, das Christus ist.

Die Abwandlung liegt hier in der Formulierung „kräftig ermahnet". Das Geheimnis Gottes, das Christus ist, wird ergänzt um „groß", „des Vaters", „in Seinem Sohne Jesu Christo". Die kräftigen Ermahnungen müssen sein, um diese Differenzierungen erkennen zu können.

Lorber, Kap. 1, Vers 9	*Kolosser 2,3*
in dem aber verborgen sind alle Schätze der Weisheit und der lebendigen Erkenntnis im Geiste.	In ihm liegen verborgen alle Schätze der Weisheit und der Erkenntnis.

Die Revision lässt die Ergänzung „der lebendigen Erkenntnis im Geiste", die an die „lebendige Beschneidung des Geistes" (vgl. Kap. 1, Vers 6) erinnert, umso fragwürdiger erscheinen. Denn es liegt in der Natur der Sache, dass jede Erkenntnis lebendig ist und dass an jeder Erkenntnis der Geist beteiligt ist. Wenn man glaubt, dass das Geheimnis Gottes Christus ist, dann beinhaltet das natürlich auch Leben und Geist. Deshalb muss dies nicht extra betont werden.

Lorber, Kap. 1, Vers 10	*Kolosser 2,4*
Ich aber vermahne euch darum, auf daß euch niemand verführe durch vernünftige (d. h. verstandesmäßige; d. Hsg.) und geschmückte Reden und durch die Philosophie der Heiden.	Ich sage das, damit euch niemand betrüge mit verführerischen Reden.

Aus der „großen Sorge" folgt abgewandelt ein Vermahnen. Aus „betrüge" wird „verführe" und aus „verführerischen Reden" wird „vernünftige und geschmückte Reden". Das spiegelt die beherrschende Position des Geistigen wider, die für die Gnosis charakteristisch ist. In Christus aber, dem Geheimnis Gottes, liegen alle Schätze und Erkenntnisse verborgen. Die „lebendige Stimme" will ihre „Weisheit" hervorheben, indem sie erneut abwandelt – sowohl bei „Erkenntnis" wie auch in Vers 6 bei „Beschneidung".

Lorber, Kap. 1, Vers 11
Denn Vernunft ist auch den Tieren eigen, wie die Philosophie den Heiden, welche den toten Götzen opfern! –

Laut dieser eigenständigen Aussage liegt es in der Natur der Sache, dass Heiden Götzen opfern: So wie Tiere ihre Grenzen hätten, so kämen die Heiden nicht über die Philosophie hinaus. Ausgerechnet die „lebendige Stimme", die selber mit ihren fragwürdigen Abwandlungen verwirrt, tritt als „Vermahner" auf.

Lorber, Kap. 1, Vers 12
Ihr aber seid erkauft durch den Tod des Einen zum ewigen Leben in Gott dem Vater; wie möget ihr da euer Herz, das da eine Wohnstätte des Heiligen Geistes geworden ist, wieder dem Geiste der Toten weihen?!

Das Unfassbare wird aufgegriffen: Obwohl der Heilige Geist in den Herzen der Laodizener Wohnung genommen habe, würden sie ihr Herz wieder dem „Geiste der Toten" weihen, was Paulus „große Sorge" bereite.

Lorber, Kap. 1, Vers 13
Bin ich auch nicht bei euch im Fleische, so bin ich aber doch stets bei euch im Geiste, durch die Macht Christi in mir, und sehe euren Glauben und eure Werke

Von seinen paranormalen Fähigkeiten spricht Paulus hier ganz unverhüllt. Auch in Abwesenheit sehe er Glaube und Werke der Geschwister in Laodizea. Dies geschehe durch die „Macht Christi in [ihm]". Eine triviale Aussage, die die

„lebendige Stimme" schon als ein Zeichen von Weisheit versteht.

Lorber, Kap. 1, Vers 14
und will euch darum ernstlich vermahnen und zeigen, wie so manche von euch, liebe Brüder, in eine große Torheit verfallen sind; denn ihre Scheingründe kenne ich und weiß, was sie wollen.

Erneut wird vermahnt: Durch seine paranormalen Fähigkeiten kenne Paulus die Scheingründe dafür, dass manche in eine „große Torheit" verfallen seien und ihr Herz „dem Geiste der Toten weihen" würden (Kap. 1, Vers 12).

Lorber, Kap. 1, Vers 15
Also aber sei es, daß ihr Jesum Christum halten sollet, wie ihr Ihn von mir überkommen und angenommen habet, und sollet also wandeln nach dem Evangelium, das ich euch getreu gepredigt habe,

Nachdem Paulus die „große Torheit" mancher aufgezeigt hat, kommt er auf sein gepredigtes Evangelium zurück. Danach sollten die Brüder handeln. Irrtümer schließt Lorber aus; er ist überzeugt, dass die von der „lebendigen Stimme" diktierte Offenbarung von Christus und somit von Gott selbst stammt. Unverhüllter geistiger Hochmut zeichnet sich hier ab, denn Christus gibt keinem Menschen die paranormale Fähigkeit, wenn dieser sie so lautstark verkündet. Paulus war ein mitfühlender Seelsorger und hätte diese Aussage nicht getroffen.

Lorber, Kap. 1, Vers 16

und sollet im selben feste Wurzeln fassen und fest
sein im Glauben, also, wie ich es euch alle gelehret
habe im Geiste unseres Herrn Jesu Christi, des lebendigen Sohnes Gottes, der da herrschet zur Rechten
des Vaters von Ewigkeit.

Betont wird der „lebendige Sohn Gottes". Im Glauben an
ihn sollen wir fest sein. Hier wird das Apostolikum aufgegriffen: „er sitzt zur Rechten Gottes, des allmächtigen Vaters".

Lorber, Kap. 1, Vers 17

Also aber, wie ihr nun werden wollet und es haben
wollet, seid ihr Widersacher Christi und Seines Wortes! –

All die abgefallenen Brüder, die ihr Herz bewusst dem
Geiste der Toten weihten, bezeichnet Paulus als „Widersa-
cher Christi und Seines Wortes". An seiner apostolischen
Vollmacht lässt er keinerlei Zweifel.

Lorber, Kap. 1, Vers 18

Was wollet ihr denn? Möchtet ihr von neuem wieder
Sklaven und hartgehaltene Knechte des Gesetzes und
der Sünde und des Todes werden, von allem dem wir
sind frei geworden durch Jesum Christum?

Anstatt hervorzuheben, dass wir durch das Sterben Jesu
frei geworden sind vom Gesetz der Sünde und des Todes,
wird erneut in negativen Fragesätzen verwiesen auf „Skla-

ven und hartgehaltene Knechte", zu denen die Adressaten wieder werden wollten. Die Geißelung von Torheiten aus der Ferne entspricht Lorbers Verständnis, nicht aber den uns vorliegenden Episteln.

Lorber, Kap. 1, Vers 19
Höret mich an! Ich sage zu euch: Sehet gar wohl zu, daß ihr nicht berücket und beraubet werdet durch eure Weltweisheit und durch die gar lose Lehre derjenigen unter euch, die da mehr fürchten die Römer und die blinden Juden als den Herrn der Herrlichkeit, der uns erlöset hat, und durch den wir und Himmel und Erde und alle Dinge gemacht worden sind! –

Dies ist ein geradezu leidenschaftlicher Appell für den Herrn der Herrlichkeit. Statt der „lose[n] Lehre" und Menschenfurcht zu folgen, gilt es dem Schöpfer des Himmels und der Erde zu vertrauen – eine Anspielung auf das Apostolikum.

Lorber, Kap. 1, Vers 20
Als ich aber unter euch war, da fragten mich eure Weltweisen, was Unterschiedes da sei zwischen Gott und Seinem Sohne Christus. – Ich aber nahm das Wort und sprach zu ihnen:

Gerade bei der Auseinandersetzung mit den „Weltweisen" bemüht sich Paulus mit „Seinem Sohne Gottes" um eine besonders prägnant formulierte Beziehung zwischen Gott und Sohn.

Lorber, Kap. 1, Vers 21

„Höret Brüder! Gott ist Einer, und Christus ist Einer;
denn so es nur e i n e n Gott gibt, so gibt es auch nur
e i n e n Christus. Was Unterschiedes sollte da sein
zwischen Gott und Christus? – Gott ist die Liebe, und
Christus ist die Weisheit in Gott oder das Licht, die
Wahrheit, der Weg und das ewige Leben!

Als Zeugnis gegenüber den „Weltweisen" betont Paulus,
dass Gott die Liebe ist. Christus ist die Weisheit in Gott,
denn es gibt nur einen Gott. Es folgen johanneische „Ich
bin"-Zeugnisse: „das Licht", „die Wahrheit", „der Weg" und
„das ewige Leben". Weil dies so wichtig ist, wird die Rede
wohl in Anführungszeichen gesetzt. In den Episteln kommen sie jedoch nicht vor.

Lorber, Kap. 1, Vers 22	*Kolosser 2,9–10*
In Christo wohnt die ganze Fülle der Gottheit leibhaftig, und wir sind vollkommen – in Ihm; denn Er ist der Grund und das Haupt aller Herrlichkeit, aller Macht und Kraft, aller Obrigkeit der Welt, und ist ein Fürst aller Fürstentümer der Erde".	Denn in ihm wohnt die ganze Fülle der Gottheit leibhaftig, und ihr seid erfüllt durch ihn, der das Haupt aller Mächte und Gewalten ist.

Der erste Teil ist übernommen aus Kol 2,9, der zweite abgewandelt von Kol 2,10. Der Brief gibt Teile der einst ge-
haltenen Rede des Paulus über die „Weltweisen" wieder.

Auffällig ist die Verwendung von Anführungszeichen. Ein Blick in die Kolosser-Epistel zeigt, dass Anführungszeichen dort nur mit einer Ausnahme (Kol 2,21) Verwendung finden. Ansonsten wiederholt Paulus zwar in den Episteln/ Briefen hin und wieder Inhalte seines Evangeliums, er zitiert jedoch nicht seine eigenen Reden. In der gesamten Bibel finden sich Anführungszeichen meist nur, wenn alttestamentliche Schriftstellen zitiert oder frei wiedergegeben werden.

> *Lorber, Kap. 1, Vers 23*
> So ich, Paulus, aber solches im Geiste und in aller Wahrheit zu euch geredet habe, wie lasset ihr euch denn nun von Menschenlehre und Weltsatzungen betören?!

Paulus kann nicht fassen, dass sich die Gemeinde trotzdem von Menschenlehren betören lässt. Er betont, dass er „im Geiste und in aller Wahrheit [...] geredet" habe. Hier klingt das johanneische Herrenwort „sie [die Worte des Johannes, Anm. d. Verf.] sind Geist und sind Leben" (Joh 6,63) an.

Lorber, Kap. 1, Vers 24	*Kolosser 2,11*
Ihr seid beschnitten worden ohne Hand und Messer durch den Heiligen Geist, indem ihr abgelegt habet euer sündiges Leben, welches war eine mächtige Wurzel in	In ihm seid ihr auch beschnitten worden mit einer Beschneidung, die nicht mit Händen geschieht, durch Ablegen des sterblichen Leibes, in der Beschneidung durch

eures Leibes Fleische; Christus.
und das war eine wahre,
lebendige Beschneidung
in Christo!

In der wörtlich wiedergegebenen Rede des Paulus findet
der Heilige Geist keine Erwähnung. Gemäß Apostolikum
wird ihm die Macht der Sündenvergebung zugesprochen.
Das Ablegen des sündigen Lebens, „eine wahre, lebendige
Beschneidung in Christo", ist ohne den Heiligen Geist gar
nicht möglich.

Lorber, Kap. 1, Vers 25	*Kolosser 2,12*
Denn da seid ihr in eurem sündigen Fleische mit Christo für die Welt begraben worden durch die Taufe mit dem Heiligen Geiste und seid dann wieder durch Christum neu auferstanden durch den lebendigen Glauben und durch die Liebe zu Ihm.	Mit ihm seid ihr begraben worden in der Taufe; mit ihm seid ihr auch auferweckt durch den Glauben aus der Kraft Gottes, der ihn auferweckt hat von den Toten.

Die Abwandlung „lebendige[r] Glauben" und die Ergänzung „durch die Liebe zu Ihm" implizieren, dass es auch
einen „toten Glauben" gibt. Beim Apostolikum geht es
stets um den Inhalt, nicht aber um Qualität – deshalb der
reformatorische Grundsatz *sola fide*.

Lorber, Kap. 1, Vers 26

Was wollet ihr denn nun wieder mit der alten Beschneidung, die da aufgehört hat; was mit der Zeremonie, die nunmehr ist ohne Wert, weil Christus
schon da war und auferstanden ist und wir in Ihm;
was wollet ihr mit dem Sabbate, wenn Christus an
jedem Tage gewirket hat und noch wirket und hat
dadurch jeden Tag zu einem Tage des Herrn gemacht
und hat am Sabbate nicht gefeiert?! –

Jesus war Jude, achtete den Sabbat und feierte Gottesdienst in der Synagoge und im Tempel. Nach seinem Tod
gingen die Jünger weiterhin in den Tempel. Mit der Zeit
feierten sie die Auferstehung des Herrn jedoch am Sonntag. Der Herr schenkt uns jeden Tag und wirkt an jedem
Tag. Dennoch ruht auf dem ersten Tag der Woche, dem
arbeitsfreien Sonntag, ein besonderer Segen. Der Text jedoch suggeriert, dass der Sonntag ein Tag wie jeder andere
sei, und ruft bei all jenen, die Gottesdienst feiern, ein
schlechtes Gewissen hervor. Dabei wird grundsätzlich ver-
kannt, dass im Gottesdienst hauptsächlich Gott uns mit
seiner Gegenwart dient, als dass wir ihm dienen.

Lorber, Kap. 1, Vers 27

Ich aber kenne euch, daß ich euch sage: Christus, wie
Er ist, will arm sein in der Welt; aber ihr wollet Gold!
Das ist es, darum ihr ein Bethaus, einen Feiertag und
verbrämte Kleider wollet!

Allein der Herr lebte im absoluten Gehorsam und damit
auch zur Freude seines himmlischen Vaters. Er ruft uns

immer wieder in die Nachfolge Christi, wohl wissend, dass kein Mensch so leben kann wie er. Der Vers erinnert weit mehr an die Vertreibung der Händler aus dem Tempel als an eine Epistel.

Lorber, Kap. 1, Vers 28
Ihr saget, Gott habe durch Christum, Seinen Sohn, die Satzungen Mosis nirgends aufgehoben, sondern dieselben im letzten Abendmahle vielmehr bestätigt; also müßte denn auch eine Opferzeremonie sein.

Zur Erinnerung an die größte Tat Gottes, das einmalige Opfer, hat der Herr selbst dieses Gedächtnis gestiftet. Zum stets neuen Danken kommen die Gläubigen im Namen des Herrn zusammen und erfahren seine segnende Gegenwart. Auch wenn sich im Laufe der Geschichte unterschiedliche Verständnisse zum Abendmahl entwickelt haben, sehen alle christlichen Kirchen (Ekklesia) das Abendmahl von Jesus selbst begründet und spüren beim Teilen von Brot und Wein eine besondere Präsenz Christi, wohingegen die Lorber-Bewegung dieses Sakrament nicht praktiziert (vgl. Tibusek 1996, S. 25, 100; Pöhlmann/Jahn 2015, S. 43, 490).

Lorber, Kap. 1, Vers 29
Ich, Paulus, ein rechter, von Gott erwählter Apostel des Herrn, aber bin doch erfüllet vom Geiste Gottes; wie kommt es denn, daß mir der Geist Gottes solches noch nie angezeigt hat, indem ich doch vor meiner Berufung ein viel erpichterer Tempeldiener und -knecht war, denn ihr es je waret?!

„[E]in rechter, von Gott erwählter Apostel des Herrn" impliziert, dass es auch einen „falschen Apostel" geben kann. Eine größere Vollmacht ist kaum denkbar. Jedoch will die Argumentationsweise nicht zu Paulus passen. Wie bescheiden spricht dieser zum Beispiel im 2. Korintherbrief von seinen Offenbarungen. Statt sich zu rühmen, dass er vom „Geiste Gottes erfüllt" ist, rühmt er sich vielmehr seiner Schwachheit (vgl. 2. Kor 12,1–10). Damit er sich nicht erhebe, war ihm vom Herrn ein „Pfahl im Fleisch" gegeben, der ihm trotz Gebet nicht genommen wurde. Von einem „Pfahl im Fleisch" ist beim „Schreibknecht Gottes" keine Rede.

Lorber, Kap. 1, Vers 30

Ich aber will euch nun sagen: Wie mich der Geist Gottes erweckt hatte, als ich nach Damaskus zog, zu verfolgen die junge Gemeinde Christi daselbst, so habe ich zuerst – in meiner Blindheit sogar – geschaut, daß der Herr im Geiste und in der Wahrheit will verehrt und angebetet sein, aber ewig nimmer in einer Zeremonie!

Der Vers erinnert an die Streitfrage zwischen Juden und Samaritern, wo denn der richtige Berg der Anbetung sei. Die Antwort des Herrn lautete: „Anbetung im Geist und in der Wahrheit" (Joh 4,20–24). Gott ist Geist, und wir sind gut beraten, mit dem Begriff „Geist Gottes" sehr umsichtig umzugehen.

Lorber, Kap. 1, Vers 31

Denn keinen hatte Gott zuerst blind gemacht, den Er
berufen hatte zu Seinem Dienste; ich aber mußte
erblinden zuvor, auf daß ich verlöre alles, was der
Welt ist, bevor ich werden sollte einer Seiner geringsten Knechte nur!

Laut Prolog des Johannesevangeliums kam das Licht zu
Paulus, aber die Seinen nahmen es nicht an. Paulus war
ein außergewöhnlicher Apostel und hatte eine besondere
Berufung. Er selbst bezeichnete sich als „unzeitige Geburt"
(vgl. 1 Kor 15,8), besaß jedoch eine begnadete Argumentationsweise. Dagegen fällt auch in diesem Lorber-Vers eine
geradezu stümperhafte Ausdrucksweise auf. Hier sieht
sich Lorber selber: Er lehnte das Angebot, Kapellmeister in
Triest zu werden, ab und verzichtete somit auf ein geregel-
tes Einkommen, nur um ein geringer „Schreibknecht Gottes" zu werden.

Lorber, Kap. 1, Vers 32

Warum aber mußte ich erblinden zuvor? Weil mein
ganzes Wesen in der Materie des Tempeldienstes
begraben war, und damit es darum von ihr genommen ward!

Als Pharisäer musste Saulus erblinden, um die Gerechtigkeit durch den Glauben zu erfahren (vgl. Röm 3,28). Pharisäer galten als besonders fromme gläubige Juden. Sie
nahmen die Befolgung der Gebote Gottes sehr ernst, hat-
ten einen religiösen Eifer. Sie sind unsere Geschwister, da

auch sie nur zu dem einen Gott JHWH beten. Es fehlt ihnen allein die Erkenntnis von Christus, dem Sohn Gottes.

Die „lebendige Stimme" hingegen stellt eine anachronistische Forderung und dubiose Verheißung: „Ihr müsset von eurer werktätigen Liebe zu Mir und daraus zu jedem bedürftigen Nächsten – zur innern Weisheit aus Gott gelangen!" (Neu-Salems-Gesellschaft 1931, S. 16). Lorbers ganzes Wesen war in der „innern Weisheit aus Gott" begraben, der Grundsatz *sola fide* blieb ihm verborgen.

> *Lorber, Kap. 1, Vers 33–37*
>
> So mich aber der Herr ohne Zeremonie, also in meiner Blindheit, berufen hat, wie hätte ich da aus dem Abendmahle je eine Zeremonie machen sollen?!
>
> Oder ist es nicht also, wie mich allezeit lehret der Geist Gottes?! – Wer das Licht der Augen hat, der schauet die Zeremonien der Welt und erlustiget sich daran;
>
> aber für den Blinden ist alle Welt mit ihrer Zeremonie vergangen und der alte Tempeldienst und alle die verbrämten Kleider!
>
> Also ist es eine ewige Wahrheit, daß der Herr mich nicht berufen hat für eine neue Einrichtung der Zeremonie, sondern für die Aufrichtung der Herzen, um welche der Satan Jahrtausende seine harten Ketten geschmiedet hatte;
>
> und zu predigen jedermann die Freiheit des Geistes, den Frieden der Seele, und damit zu zerreißen in Christo dem Herrn die alten, harten Bande des Todes.

Paulus hat die Sorge, dass bei der erhabenen, feierlichen Handlung des Abendmahls seine gepredigte „Freiheit des Geistes" und damit der „Frieden der Seele" wieder verloren gehen würde. Doch diese Befürchtung erscheint völlig unbegründet: Loben führt nach oben, insbesondere während der liturgischen Gesänge. Aus Ehrfurcht vor Gott dem Herrn erhebt sich dazu stets die versammelte Gemeinde. Denn es bringt ihr Heil und Segen, immer wieder aufs Neue dem Herrn zu danken. Dazu erheben sie auch ihre Herzen und stimmen mit ein in den ewigen Lobgesang Sanctus. Die Gemeinde weiß, dass Hilfe nur von dem zu erwarten ist, der verheißen hat, dass er wiederkommen wird. Deshalb der bittende Ruf „Hosianna" – „o Herr, hilf, o Herr, lass wohl gelingen". Gerade am Tisch des Herrn wird uns „Freiheit des Geistes" und „Frieden der Seele" zuteil. Hier ist der Herr gegenwärtig und erfahrbar. Der Herr gibt einem jeden gerade das, was er auf dem Weg der Nachfolge Christi benötigt.

Lorber, Kap. 1, Vers 38
Was aber nützt mir und euch meine Lehre, was das Evangelium Gottes, so ihr euch frei wieder in den alten Tod begeben wollet?!

Laut dieses Verses gipfelt der Verlust des Seelenfriedens in den „alten Tod". Christus, der Fürst des Lebens, hat jedoch auf Golgatha die Macht des Todes gebrochen. Christus, das Lamm Gottes, trägt die Sünde aus der Welt heraus. Die frohe Botschaft lautet, dass sich Christus auch heute noch unser erbarmt und uns seinen Frieden schenkt. Deshalb singt die Gemeinde Christ bittend das Agnus Dei.

Lorber, Kap. 1, Vers 39–40

Ich aber bitte euch um eures ewigen Lebens willen: lasset ab von dem, was die alte Gefangenschaft zu Babel allen Juden als ein hartes Erbe hinterließ!

Sehet: Babel, die große Hure der Welt, hat der Herr vernichtet; denn sie gab vielen Völkern den Tod! Was aber werdet ihr gewinnen, so ihr aus Laodizea ein neues Babel errichten wollet?! Daher lasset ab von dem, was den Greuel der Verwüstung von neuem herbeiführen möchte, – wovon Daniel geweissagt hat, da er stand an heiliger Stätte!

Daniel prophezeite, dass die Römer den Tempel in Jerusalem verwüsten. Paulus fürchtet, dass die Laodizener durch ihre Zeremonien nun selber ihr Heiligtum entweihen – deshalb das Kostbarste („ewiges Leben") und das Verwerflichste („Greuel der Verwüstung") in einer Darstellung.

Lorber, Kap. 1, Vers 41	*Kolosser 2,13*
Christus aber hat euch lebendig gemacht, da ihr tot waret in euren Sünden und in der Vorhaut eures Fleisches, und hat euch nachgelassen alle Sünden, die ihr allezeit begangen habet in dem Tempel, wie in eurer Vorhaut.	Und Gott hat euch mit ihm lebendig gemacht, die ihr tot wart in den Sünden und in der Unbeschnittenheit eures Fleisches, und hat uns vergeben alle Sünden.

Diese Argumentationsweise erscheint geradezu anrüchig und passt nicht zur paulinischen Genialität. Sobald wir uns Christus anvertraut haben, vergibt er uns täglich unsere Sünden, und zwar sowohl die uns bewussten als auch die vielfach unbewussten. Den Juden galt der Tempel mit seinem Heiligtum als Ort der Anbetung und besonderen Nähe Gottes und damit als heilige Stätte schlechthin. Eine unterschwellige Assoziation zwischen Tempel und Kirche scheint sich anzubahnen.

Lorber, Kap. 1, Vers 42	*Kolosser 2,14*
Er vertilgte die blutige Handschrift, welche da war wider uns alle, die da entstanden ist durch weltliche Satzungen, und unsere Namen waren mit dieser Schrift eingetragen ins Buch der Welt, ins Buch des Gerichtes und ins Buch des Todes, indem Er sie ans Kreuz heftete.	Er hat den Schuldbrief getilgt, der mit seinen Forderungen gegen uns war, und hat ihn aufgehoben und an das Kreuz geheftet.

In der revidierten Lutherbibel kommt die Tilgung des Schuldbriefs klar zum Ausdruck. Wenn ein Reicher einem Sklaven die Freiheit schenkte, so wurde der Schuldschein zerrissen und der Sklave war ein freier Mann. Mit der Abwandlung „vertilgte die blutige Handschrift" ist der Sinn der Kernstelle nicht mehr herauszuhören.

Warum aber wollet ihr nun diese von Gott Selbst
vertilgte, ans Kreuz des Gerichtes, der Schmach, des
Fluches, des Todes geheftete Blutschrift wieder
herabreißen und eure neuen Namen in Christo ver-
tauschen für die alten, welche mit Blut geschrieben
waren im Buche des Gerichtes?

Wollen uns unsere Sünden, Absonderungen von Gott, die
unsere Gewissen belasten und uns keinen Frieden mit
Gott mehr ermöglichen, heute oder einst vor dem Gericht
verklagen, so verweisen wir auf den getilgten Schuldschein
am Kreuz. Die Gläubigen müssen nun das Gericht nicht
mehr fürchten, weil sie in Christus einen neuen Namen
haben. Nun sind diese gewiss, dass auch sie mit diesen
neuen Namen ins Buch des Lebens geschrieben sind.

O ihr blinden Toren aller Torheit! In Christo seid ihr
frei geworden – und wollet nun wieder Sklaven und
Knechte der Sünde, des Gerichtes und des Todes
werden! Habt ihr denn nicht gehört, daß derjenige
verflucht ist, der da ans Kreuz geheftet wird?! –

Weil den „Toren" die Einsichten fehlen würden, werden
sie als „blind" verurteilt. „O ihr blinden Toren aller Torheit" kommt einer sinnlosen Beschimpfung gleich und
passt keinesfalls zur Redeweise des Paulus, der vor allem
auch Seelsorger war. Im Korintherbrief lesen wir, dass sich
Paulus vielmehr selbst in der Rolle des Narren sieht – er
bezieht die Begriffe „Torheit" und „Tor" auf sich und nicht

auf andere (vgl. 2 Kor 11,1; 11,16; 12,11). Allein im 2. Timotheusbrief verwendet er „Torheit" mit Bezug zu seinen Adressaten – nicht jedoch, um sie zu beschimpfen, sondern um sie zu warnen (2. Tim 3,9).

Jedem römischen Staatsbürger blieb die Schmach des Todes am Kreuz erspart. Der Fluch des Gesetzes galt uns, weshalb der Herr vor den Toren der Stadt ans Kreuz geheftet wurde und unseren Fluch auf sich nahm. In Christus haben wir die Freiheit im Gericht.

Lorber, Kap. 1, Vers 45
Christus aber hat eure Schande, eure Schmach, eure Sünde, euer Gericht und euern Tod auf Sich genommen und ließ Sich für euch als ein Verfluchter ans Kreuz heften, um euch allen die volle Freiheit zu verschaffen vor Gott; und damit ihr in Ehren wandeln sollet, nahm Er alle eure Schande und Schmach mit ans Kreuz!

Die Reihung „eure Schande, eure Schmach, eure Sünde" lässt die einzigartige Bedeutung von „eure Sünde" verblassen. Johannes der Täufer zeigte stets mit dem Finger auf Christus. In Anlehnung daran ist das berühmte Gemälde des Isenheimer Altars entstanden: Der Prediger weist mit seinem rechten Zeigefinger auf Christus am Kreuz. Der Gerechte ließ sich als ein Verfluchter kreuzigen, damit wir die Freiheit haben.

Oh, was hat euch doch berücket, die ihr lebendig geworden seid in Christo, daß ihr euch nun wieder dem Tode von neuem ergeben wollet?!

Mit was soll ich euch denn vergleichen, das euch treffen möchte, wie ein guter Wurf die Zielscheibe? – Ja, ihr seid gleich einer brandigen Buhldirne, die da wohnet in einer Stadt und ist aber dennoch eines guten Hauses Tochter!

Höret mich an, und schreibet es euch hinter die Ohren! Was nützt der Buhldirne ihre gute Abkunft, so aber dennoch ihr Fleisch geiler ist als das Fett eines gemästeten Sündenbockes?!

Wird sie nicht in ihrem Gemache vor Fleischbrand auf und ab rennen und wird bald bei dem einen und bald wieder beim andern Fenster den halben Leib hinausrecken und wird ihre buhllüsternen Augen nach allen Seiten umherschießen lassen, ob sie erblicken möchte den, der da hat, danach ihr Fleisch geilet und brennet?!

Und wird sie ihn erblicken, so wird sie ihm zeigen durch die lose Glut ihrer Augen, was sie möchte, und wird in ihrer Begierde ums Zehnfache mehr sündigen mit ihm als eine Hure im Bette der Schande mit ihrem Buhlen.

O sehet, ihr Laodizener, das ist euer Bild! – Wisset ihr aber, was der redlich werben wollende Bräutigam solch einer Dirne tun wird, so er vor ihrem Hause vorbeiziehen wird und wird ansichtig ihrer schändlichen Geilerei?

Er wird sie sofort tun aus seinem Herzen und aus seinem Munde und wird sie hinfort nicht mehr ansehen, und so sie auch gelangen möchte in die größte Not!

Das Liebesverhältnis zwischen Braut und Bräutigam wird mit vulgärem Vokabular beschrieben. Dabei spiegelt doch die Gemeinde auf Erden einen Teil der Herrlichkeit Christi wider. So wie Christus ist auch seine Gemeinde ein verborgenes Geheimnis. Durch die Taufe sind wir lebendig und gehören zur Gemeinde Christi. In ihr gilt alle Ehre und Liebe Christus. In ihr wird sein Name stets erhöht und angebetet. Weil er alle unsere Schmach auf sich genommen hat, gilt ihm auch unser ganzes Vertrauen, unsere ganze Liebe. Deshalb bezeichnet Paulus die Gemeinde als Leib und Braut Christi (Eph 5,25–32). Christus ist das Haupt der Gemeinde und ihr Bräutigam. Weil die Laodizener aber der Liebe zum Bräutigam entsagt hätten, werden sie mit einer „Buhldirne" verglichen.

Lorber, Kap. 1, Vers 53
Desgleichen wird euch auch der Herr tun; denn Er hat euch einen neuen, lebendigen Tempel errichtet in euren Herzen, allda ihr Seiner harren sollet; ihr aber verschmähet den Tempel, dieses heilige Gemach, und rennet aus lauter weltlicher Geilheit an die Fenster des Gerichtes und wollet da geilen mit der Welt, des Goldes wegen, des Ansehens und der Herrschsucht wegen, da ihr nach allem dem lüstern seid!

Alles auf die Innerlichkeit zu verlagern und mit den größten Strafen in Verbindung zu setzen, entspricht einer unbarmherzigen Drohbotschaft, aber keinesfalls der Freiheit des Evangeliums. Der Bräutigam erbarmt sich immer wieder der Braut Christi, denn er handelt nicht nach unseren Sünden, sondern nach seiner großen Barmherzigkeit. Das Herz ist in der Schrift das Bild für das Zentrum des Menschen. Das Herz eines Christen bringt sich in die Braut Christi ein. Somit sind Innerlichkeit und Einbringen eines Christen in die Gemeinde kein Widerspruch – beide zusammen erst bilden die lebendige Braut Christi.

Lorber, Kap. 1, Vers 54

Ich aber sage euch: Der Herr wird Sich zurückziehen und wird euch in allerlei Hurerei übergehen lassen, ins alte Gericht und in den alten Tod, so ihr nicht sofort umkehret und gänzlich ablasset von eurer selbstgewählten Geistlichkeit, von eurem Tempel, von euerm Feiertage und von euren verbrämten Kleidern; denn dies alles ist vor dem Herrn ein Greuel gleich einer brandigen Buhldirne, die da in ihrem Herzen ärger ist denn zehn Huren Babels. –

Die Drohungen setzen sich fort, und die Bezeichnung „Tempel" bleibt nicht mehr auf die Innerlichkeit beschränkt, sondern wird nun auch auf das Äußere bezogen. Die negative Assoziation zu Gemeinde und Kirche ist damit hergestellt. Völlig unberücksichtigt bleibt, dass der Bräutigam alle Tage bei der Braut Christi sein wird bis an der Welt Ende. Schließlich freut er sich über die einzelnen Glieder am Leib Christi mit ihren unterschiedlichen Gaben und dass alles geordnet zugeht. Nachfolge beinhaltet tägliche Buße, ein Umdenken und Neuausrichten auf Christus. Sie treibt uns jedoch nicht weg von der Braut Christi, sondern führt uns in die Gemeinschaft der Heiligen gemäß Apostolikum.

2. Kapitel

Lorber, Kap. 2, Vers 1–7	*Kolosser 2,16*
Lasset euch daher von niemandem mehr ein Gewissen machen, weder durch einen (d. h. von Gott) unberufenen Bischof und Priester, noch durch einen Feiertag, noch durch den alten Sabbat und Neumond,	So lasst euch nun von niemandem ein schlechtes Gewissen machen wegen Speise und Trank oder wegen eines bestimmten Feiertages, Neumondes oder Sabbats.
noch durch einen Tempel, noch durch eine opferliche Zeremonie und verbrämte Kleider und ebensowenig durch Speise und Trank!	
Im Essen und Trinken seid mäßig, – das ist gut für Geist, Seele und Leib und ist dem Herrn angenehm;	

aber so jemand saget und
lehret und begehret:
„Diese und jene Speise
darf nicht gegessen wer-
den, da sie unrein ist
nach Moses!" –

da sage ich dann entge-
gen: Moses und die Pro-
pheten sind in Christo
erfüllet und befreiet
worden; uns aber hat der
Herr keine Speise verbo-
ten, indem Er Selbst aß
und trank mit Sündern
und Zöllnern

und hat ausgerufen:
„Was du issest, verunrei-
niget dich nicht; aber
was da kommt aus dei-
nem Herzen – als: arge
Reden, arge Begierden,
Geiz, Neid, Totschlag,
Zorn, Fraß und Völlerei,
Hurerei, Ehebruch und
dergleichen –, das ist es,
was da allezeit verunrei-
niget den Menschen!"

Da wir aber solch ein
Evangelium haben von
Ihm, dem alleinigen
Herrn aller Herrlichkeit
Selbst, wie große Toren
müßten wir da sein, so
wir uns freiwillig wieder

ins alte, harte Joch sollten spannen lassen?!

Ein abgewandelter Vers aus dem Kolosserbrief dient zur
Entfaltung einer eigenständigen Synopse aus Evangelium
und Epistel. In den Episteln finden sich keine Sätze des
Herrn in Anführungszeichen, zumal Paulus bei der späte-
ren Aufzeichnung der Evangelien nicht zugegen war. Bischöfe, Hirten der Seelen, werden mit „unberufenen" abgewertet. Erneut wird die für die Seelsorge ungünstige Bezeichnung „Toren" verwendet. Paulus sprach wohl von
„Torheit", nannte aber nur sich selbst und niemanden
sonst einen „Toren" (vgl. 2 Kor 1,16). Es erinnert eher an
den Satz des Auferstandenen zu den Emmaus-Jüngern
denn an Paulus. Paulus spricht stets von seinem Evangelium, aber nicht davon, dass wir „solch ein Evangelium haben von Ihm, dem alleinigen Herrn aller Herrlichkeit
Selbst". Somit konnte nur die „lebendige Stimme" Epistel
und Evangelium als Brief darstellen.

Lorber, Kap. 2, Vers 8	*Kolosser 2,17*
Was soll nunmehr der Schatten, der von Moses aus wohl eine weissagende Vorbedeutung hatte auf das, was geschehen ist vor unsren Augen, für uns, die wir mit Christo und in Christo zu einem Körper geworden sind?!	Das alles ist nur ein Schatten des Zukünftigen; der Leib aber ist Christus eigen.

47

Das Licht der Gnade ist leibhaftig in Christus, denn sein Schatten des Gesetzes durch Mose wies hin auf das Zukünftige. Wenn wir auch „mit Christo und in Christo zu **einem** Körper geworden sind" (Herv. i. O.), führt dieser abgewandelte Vers doch letztendlich nur zu dem neuen Menschen in Christus. Doch das Licht des Zukünftigen ist leibhaftig Christus und nicht im neuen Menschen.

Lorber, Kap. 2, Vers 9	*Kolosser 2,18*
Ich aber bitte und beschwöre euch sogar: Lasset euch von niemandem das Ziel vorsetzen, der da nach eigenmächtiger Wahl einhergeht in aller Demut und völliger Geistigkeit der Engel des Himmels, davon er aber nie etwas gesehen und gehört hat, – ist aber darum in seiner Sache aufgeblasen in seinem fleischlichen Sinne nur	Lasst euch den Siegespreis von niemandem nehmen, der sich gefällt in Demut und Verehrung der Engel und sich dessen rühmt, was er geschaut hat, und ist ohne Grund aufgeblasen in seinem fleischlichen Sinn

Laut der „lebendigen Stimme" beschwören die Ungläubigen ihre falschen Worte mit dem Schwur. Ausgerechnet in diesem Kontext folgen ausgetauschte Abwandlungen: Aus „Lasst euch den Siegespreis von niemandem nehmen" wird „Lasset euch von niemandem das Ziel vorsetzen". Aus „rühmt, was er geschaut hat" wird „nie etwas gesehen und

gehört hat". Gekrönt wird das Double mit dem fast wort-
wörtlichen Schluss.

Lorber, Kap. 2, Vers 10–13	*Kolosser 2,19*
und hält sich nicht an das Haupt, aus dem der ganze Leib durch die Glieder, Gelenke und Fugen Tatkraft überkommt, einander gegenseitig erhält und fasset und wächst also dann zu einer göttlichen Größe,	und hält sich nicht an das Haupt, von dem her der ganze Leib durch Gelenke und Bänder gestützt und zusammengehalten wird und wächst durch Gottes Wirken.
sondern nur an seinen Sinn, welcher in sich voll Schmutzes und Unflates, voll Eigennutzes, voll Trug und Lüge, voll Herrschsucht, voll Geizes und voll Neides ist!	
Also aber steht es gerade mit dem, der sich bei euch aufwerfen will, als wäre er berufen vom Herrn und von mir und danach erwählet von euch!	
Ich aber sage hier zu euch allen: Dieser hat den Geist des Teufels in sich und gehet unter euch umher wie ein Wolf im Schafspelze und wie	

ein hungriger, brüllender
Löwe, der euch zu ver-
schlingen auf das eifrigs-
te bemüht ist!

In der Abwandlung mit anschließenden eigenständigen
Versen wird der Irrlehrer scharf verurteilt: Er sei nicht vom
Herrn berufen und habe den „Geist des Teufels in sich".
Stärker kann der berufene Paulus nicht beschwören. Völlig
in den Hintergrund gerät dabei aber, dass Christus selbst
das Haupt des Leibes, also der Gemeinde, darstellt und wir
auf das Wachstum des Leibes durch Gottes Wirken vertrauen können. Die „lebendige Stimme" Lorbers trügt,
denn sie hält sich selbst nicht an das Haupt, an Christus,
sondern beherrscht Lorber ganze 24 Jahre.

Lorber, Kap. 2, Vers 14	*Kolosser 4,15*
Darum treibet ihn als-	Grüßt die Brüder und
bald von seinem Platze,	Schwestern in Laodizea
und kehret euch wieder	und die Nympha und
an den Nymphas, dessen	die Gemeinde in ihrem
Haus da ist eine rechte	Hause.
Gemeinde Christi!	

In diesem Vers zeigt sich eine bemerkenswerte Verwand-
lung: Aus der im Kolosserbrief (Kol 4,15) lobend erwähn-
ten Schwester Nympha macht die „lebendige Stimme"
durch Anhängen eines „s" kurzerhand den Bruder Nymphas und verweist darauf, dass in dessen Haus die rechte
Gemeinde Christi ansässig sei. Im gesamten Neuen Testament finden wir den Namen Nymphas nicht. Eine weibli-

che Person in ihrer Bedeutung für die christliche Gemeinde hervorzuheben, schien der „lebendigen Stimme" zu weit zu gehen – und das, obwohl sie immer wieder die Freiheit des Herrn hervorhebt.

Lorber, Kap. 2, Vers 15	*Kolosser 2,20*
Denn ihr alle seid ja abgestorben für die Welt und ihre Satzungen mit Christo; aus welchem Grunde möchtet ihr euch denn nun wieder fangen lassen von Satzungen der Welt, als lebtet ihr noch in ihr?!	Wenn ihr nun mit Christus den Elementen der Welt gestorben seid, was lasst ihr euch dann Satzungen auferlegen, als lebtet ihr noch in der Welt:

Aus „mit Christus den Elementen der Welt gestorben" wird „abgestorben für die Welt und ihre Satzungen". Da „Satzungen" sowohl für Christus als auch für die Welt verwendet wird, kann kaum noch Freude darüber aufkommen, dass wir den Elementen der Welt gestorben sind. Erinnern wir uns an den Beginn des Hymnus (Kol 1,16), der da lautet: „Denn in ihm ist alles geschaffen, was im Himmel und auf Erden ist, das Sichtbare und das Unsichtbare, es seien Throne oder Herrschaften oder Mächte oder Gewalten; es ist alles durch ihn und zu ihm geschaffen."

Lorber, Kap. 2, Vers 16–18

Das Haus meines lieben Bruders Nymphas aber ist geblieben getreu in seiner Freiheit, wie ich sie ihm gegeben habe durch Jesum Christum, dem Herrn von Ewigkeit.

Nymphas hat den Wolf erkannt, wie ich ihn erkannt habe durch den Geist Gottes, der in mir ist und mich allezeit treibet, ziehet und lehret in den verschiedenen Dingen der einzig gerechten Weisheit vor Gott, wie desgleichen auch den Bruder Nymphas.

Darum vermahne ich euch denn auch mit der Kraft alles gerechten Eifers in Christo dem Herrn, daß ihr ja hingehet zum Nymphas und wieder eine Gemeinde werdet mit seinem Hause

Auch in den folgenden Versen bleibt es bei Nymphas, obwohl der Kolosserbrief von Nympha spricht. Die Formulierung „alles gerechten Eifers in Christo" impliziert, dass es auch einen „ungerechten Eifer" gibt. Ebenso impliziert die Formulierung „einzig gerechten Weisheit vor Gott", dass es auch eine „ungerechte Weisheit vor Gott" gibt. Paulus und Nymphas hätten jedoch den „Geist Gottes" und könnten es somit auch unterscheiden.

Lorber, Kap. 2, Vers 19–20	*Kolosser 2,21–22*
und horchet nicht auf die, die da mit heuchlerisch-frommer Miene sagen: „Rühre das nicht an, und koste dies nicht, und greife das nicht an,	»Du sollst das nicht anfassen, du sollst das nicht kosten, du sollst das nicht anrühren« – was doch alles verbraucht und vernichtet werden

und tue dieses und jenes nicht!", – welches alles sich allezeit verzehret unter den Händen und an sich nichts ist als eine leere Menschensatzung;

soll. Es sind menschliche Gebote und Lehren,

sondern höret, was ich euch sage aus dem Geiste Christi, der in mir ist, auf daß ihr wieder frei werden möchtet und werden zu wahrhaftigen Miterben Jesu Christi am Reiche Gottes lebendig in euch!

Mit der direkten Rede wird der Briefcharakter erneut verlassen. Der „Geist Christi" in Paulus ändert „menschliche Gebote und Lehren" in „leere Menschensatzung". Die Abwandlung soll die Adressaten zu „wahrhaftigen" Miterben Jesu Christi machen – eine fromme Heuchelei.

Lorber, Kap. 2, Vers 21

O Brüder, denket, was wollen euch die wohl nützen, die da haben den Schein der Weisheit und eine durch sich selbst gewählte heuchlerische und gleisnerische Geistigkeit und Demut,

Kolosser 2,23

Diese haben zwar einen Schein von Weisheit durch selbst erwählte Frömmigkeit und Demut und dadurch, dass sie den Leib nicht schonen; sie sind aber nichts wert und befriedigen nur das Fleisch.

Die Gemeinde in Laodizea sei in manchen Stücken vom Glauben abgefallen und habe sich eine „Geistlichkeit" erwählt (Kap. 1, Vers 4–5). Hier nun wird auf die Gefahr durch die „selbst gewählte heuchlerische und gleisnerische Geistigkeit und Demut" hingewiesen. Aus „Schein von Weisheit" wird „Schein der Weisheit", aus „Frömmigkeit" wird „Geistigkeit". Das lässt den gesamten Sinn fragwürdig erscheinen.

Lorber, Kap. 2, Vers 22–29

und die da sagen: „So du ansiehest ein Weib, so hast du schon gesündiget; so du issest unreine, von Moses versagte Speise, so bist du unrein auf den ganzen Tag; und so du anrührest einen Heiden und sprichst mit ihm mehr denn drei Worte, so mußt du solches dem Priester des Tempels kund tun, auf daß er dich reinige vor Gott!", –

an sich aber sind sie voll Unflates und voll Geizes und Hurerei und treiben geheimen Handel mit allen Heiden und bieten alles auf, daß sie sich mit ihnen ja nicht die geheime Freundschaft verderben möchten?!

Ich aber sage: Der Leib braucht das Seinige wie der Geist; denn er hat ja sein Bedürfnis und seine Notdurft. Daher sollet ihr ihm auch geben im gerechten Maße, was da Gott für ihn bestimmt hat, und sollet genießen, was da auf den Markt gebracht wird; denn der Leib braucht seine Pflege, wie der Geist seine Freiheit. Darum seid frei und nicht Sklaven der blinden Toren der Welt!

Was Rühmliches aber mag da wohl jemand von sich sagen, so er gefastet hat in seinem Magen, aber sein

Herz voll angefüllt hat von argen Gedanken, Wünschen und Begierden?!

Wäre es denn nicht um vieles klüger, zu fasten im Herzen denn im Magen?! Wie möget ihr wohl so große Toren sein und euch weismachen lassen, dem Herrn sei angenehmer, so jemand ißt einen Fisch in Oel gelegt, als so er ißt ein anderes Fleisch von einem warmblütigen Tiere und dessen Fett statt des Oeles?!

Ich aber sage euch: Esset mit Maß und Ziel allezeit, was euch schmeckt und wohltut eures Leibes Gesundheit, und trinket Wein mit Wasser, wie auch ich es tue, so ich es nur haben kann, und machet euch kein Gewissen daraus, so werdet ihr recht handeln auch in diesem Stücke!

Denn der Herr hat keine Freude am Fasten des Magens; wohl aber an dem des Herzens; im Herzen aber fastet Tag und Nacht, so werdet ihr fasten im Geiste und in der Wahrheit!

Wie aber ihr fasten möchtet nach der gleisnerischen Lehre dessen, der vor euch tut, als wäre er nur mehr mit einem Fuße auf der Erde, alles andere aber schon im Himmel, also fasten auch alle Heiden, die da essen an ihren Festtagen die feinsten Leckereien und sind dann geiler darauf denn an einem Gemeintage, da sie ihre tägliche Kost haben.

In Anlehnung an das seelsorgerische Gespräch des Herrn mit der Samariterin (Joh 4,5–26) haben wir zu fasten im Herzen – „im Geist und in der Wahrheit". Die umfangreichen erklärenden Ratschläge beginnen zwar mit „So du ansiehest ein Weib, so hast du schon gesündiget", es folgt jedoch keine weitere Erklärung zum Ehebruch. Stattdessen begegnet uns erneut Vulgäres im Zusammenhang mit der Neubildung „Gemeintage", das die Freude über unsere Feiertage, speziell den Sonntag, trübt. Die Formulierung „Ich aber sage euch" erinnert an die Bergpredigt, es folgen allerdings nur banale Ausführungen.

Lorber, Kap. 2, Vers 30–31	*Kolosser 3,1*
Da ihr aber nun mit Christo auferstanden seid, was kümmert euch denn, was da unten auf der Welt ist, und was suchet ihr den Satzungen der Welt zu genügen, die da ein Werk der Menschen sind?!	Seid ihr nun mit Christus auferweckt, so sucht, was droben ist, wo Christus ist, sitzend zur Rechten Gottes.
Suchet, was droben ist, da Christus sitzet zur Rechten des Vaters, – das wird sich besser ziemen für euch denn all die gänzlich wertlosen Torheiten der Welt!	

Interpunktionszeichen wie „?!" scheinen mit Abwandlungen einherzugehen. Diese Kombination ist dem Kolosserbrief fremd. Aus der Feststellung „Seid ihr nun mit Christus auferweckt" wird lediglich eine betonte Frage. Die Abschwächung setzt sich mit der Erweiterung fort, sodass das verwendete Nicaenum „zur Rechten des Vaters" an Bedeutung verliert.

Lorber, Kap. 2, Vers 32	*Kolosser 3,2*
Seid ihr erweckt worden im Geiste und auferstanden mit Christo, da seid ihr ja von oben, aber nicht von unten her; also suchet denn auch, was droben, aber nicht, was da unten auf der Erde ist!	Trachtet nach dem, was droben ist, nicht nach dem, was auf Erden ist.

Das Wort „droben" beinhaltet zwar ein Oben und Unten, doch hat diese Abwandlung in der Theologie weitreichende Folgen. Gemäß Nicaenum ist allein der Herr „vom Himmel gekommen"; weil er nun „zur Rechten des Vaters sitzt", suchen wir zu erreichen, was droben ist. Mit „erweckt worden im Geiste" wird suggeriert, wir wären auch von oben. Wir suchen zu erlangen, was droben ist, wir sind jedoch nicht von oben.

Lorber, Kap. 2, Vers 33	*Kolosser 3,3*
Denn ihr seid gestorben der Welt, und euer Leben ist verborgen mit Christo in Gott.	Denn ihr seid gestorben, und euer Leben ist verborgen mit Christus in Gott.

Die Schöpfung und damit auch unsere Welt ist gottgewollt und nicht durch einen präkosmischen Fall negativ belastet. Der Zusatz „der Welt" bewirkt einen anderen Sinn, wodurch der Grundsatz *solus Christus* aufgehoben wird. In der Taufe sind wir gestorben und unsere Sünden werden vergeben. Unser Sterben steht somit im Zusammenhang mit unserer Taufe und nicht mit der „Welt".

Lorber, Kap. 2, Vers 34	*Kolosser 3,4*
Wenn aber Christus, der nun euer Leben ist, Sich offenbaren wird, dann werdet auch ihr offenbar werden mit Ihm in der Herrlichkeit!	Wenn aber Christus, euer Leben, offenbaren wird, dann werdet ihr auch offenbar werden mit ihm in Herrlichkeit.

Fragwürdig erscheint die Formulierung „in der Herrlichkeit". Wenn Christus offenbar wird, kann es nur „in Herrlichkeit" geschehen, da er die Herrlichkeit selbst ist. Herrlichkeit und Christus sind eins, die Trinität bestand in Herrlichkeit ja bereits vor der Schöpfung. Der von der „lebendigen Stimme" ergänzte bestimmte Artikel schwächt diese Tatsache drastisch ab. Herrlichkeit bekommt dadurch eine irreführende zeitliche Begrenzung, die dem Lobpreisen seiner Herrlichkeit entgegensteht.

Lorber, Kap. 2, Vers 35	*Kolosser 3,5*
Tötet daher von neuem eure Welt, die in vielen Gliedern auf der Erde ist, wie eures Leibes Glieder, und mit denen ihr getrieben habet und nun wieder treiben möchtet Hurerei, Unlauterkeit, schändliche Brunst, böse Lust, Habsucht, Neid	So tötet nun die Glieder, die auf Erden sind, Unzucht, Unreinheit, schändliche Leidenschaft, böse Begierde und die Habsucht, die Götzendienst ist.

und Geiz; in allem dem aber allezeit besteht die wahrhaftige Abgötterei der Heiden.

Nach christlichem Taufverständnis kann der Täufling selber nichts zu seinem Heil beitragen. Es ist vielmehr ein sichtbares Zeichen Gottes an uns Menschen, dass Gott selber handelt: Er ertränkt den alten Menschen. Er tötet unsere Sünden. Er schenkt uns ein neues Leben. Als Zeichen dafür gibt es auch heute noch das weiße Taufkleid, das dem Täufling nach der Taufe angezogen wird. Dies gilt sowohl für die Kinder- als auch für die Erwachsenentaufe. Die Abwandlung „Tötet daher von neuem eure Welt" hebt somit das Taufverständnis auf. Wir können über Reue und Buße, das heißt über eine Sinnesänderung, das uns neu geschenkte Leben ergreifen, doch die Sünde selber können wir nicht töten.

Lorber, Kap. 2, Vers 36	*Kolosser 3,9–10*
Und meidet vor allem die Lüge, denn sie ist der nächste Abkömmling des Satans! Ziehet den alten Menschen aus und den neuen in Christo an, der da erneuert wird zur Erkenntnis Dessen, und das nach Des Ebenmaße, der ihn erschaffen hat!	belügt einander nicht; denn ihr habt den alten Menschen mit seinen Werken ausgezogen und den neuen angezogen, der erneuert wird zur Erkenntnis nach dem Ebenbild dessen, der ihn geschaffen hat.

Die Abwandlung besteht vor allem im Erklären des Negativen: Die Lüge sei „der nächste Abkömmling des Satans". Jesus der Heiland musste kommen, weil das Ebenbild des Schöpfers in einem jeden von uns zerstört ist. Sobald wir den neuen Menschen anziehen, wird das Ebenbild erneuert und wir kommen zur Erkenntnis Gottes.

3. Kapitel

> *Lorber, Kap. 3, Vers 1*
> Ich aber sagte: „Meidet die Lüge, welche ist der nächste Abkömmling des Satans!", weil ihr nun – wie ich es durch Nymphas erfahren habe und gleichermaßen durch den Geist Christi in mir erfahre – in die Menschensatzung zum großen Teile übergegangen seid.

Der Gottesdienst richtet sich auch heute noch nach der Agende. Dennoch ist der Geist Jesu Christi gegenwärtig und schenkt uns Freiheit. Das eine schließt das andere nicht aus. Die Neubildung „Menschensatzung" erhält Paulus zwar vom „Geist Christi". In den Episteln wie auch in der heutigen Sprache ist dieses Wort jedoch unbekannt.

> *Lorber, Kap. 3, Vers 2*
> Was ist der Tempel denn anderes denn eine Menschensatzung, ein totes Werk von Menschenhand, also ein eitles Traumwerk, das da auch allezeit vergeht, sobald das Auge vom Schlafe erwacht?!

Die meisten Christen haben ein Gotteshaus, das ihnen wahr und vertraut ist. Dort ist ihre geistige Heimat, dort vollzieht sich gemeinsame Anbetung, dort erfahren sie Trost und Stärkung für den Alltag. Meist bleiben uns andere Gotteshäuser fremd. Je weiter unser Herz ist, desto mehr können wir uns auch über andere Gotteshäuser und deren Geschwister freuen. Wir überlassen es getrost dem Herrn, welches ein wahres oder ein „totes Werk" ist.

Lorber, Kap. 3, Vers 3–12

Da es aber das ist, so ist es eine Lüge, in die ihr euch begebet, um euch selbst zu belügen und zu betrügen, da ihr meinet, daß ihr darin Gott die Ehre gäbet; und Gott Selbst belüget ihr, so ihr meinet, daß ihr Ihm dadurch einen gar wichtigen Opferdienst erweiset!

Ihr Törichten! Welchen Dienst wollet ihr denn tun dem Allmächtigen, der Himmel und Erde schon zuvor gegründet hat, ehe ihr noch von Ihm erschaffen wurdet?! Was habet ihr wohl, das ihr nicht zuvor empfangen hättet; so ihr es aber empfangen habet, was tut ihr denn, als ob ihr es nicht empfangen hättet?!

Wollet ihr mit dem etwa dem Herrn einen angenehmen Dienst erweisen, so ihr Ihn in einem Tempel, von Menschenhand erbaut, anbetet durch Zeremonie und Rauchwerk und durch tote Gebete auf langen oder breiten Streifen?!

O sehet, wie sehr hat euch ein Apostel des Satans berücket! Ist Christus doch, in dem die Fülle der Gottheit wohnet, leibhaftig im Tempel zum Tode verurteilt worden – und hat ehedem Selbst von dessen völligem Untergange geweissagt!

Wie möchte Er an d e m nunmehr ein Wohlgefallen haben, vor dem Er alle Seine Jünger, wie im Geiste auch mich, gar sehr gewarnet hat, indem Er sprach: „Hütet euch vor dem Sauerteige der Pharisäer und Hohenpriester!"?! Und ihr wollet nun das alte ‚Richthaus', das vor Gott ein Greuel geworden ist, zu einer Wohnstätte des Herrn errichten, auf daß ihr Ihn vielfach töten möchtet daselbst!

Wie blind doch und wie sehr in die Welt übergegangen müßt ihr sein, daß euch solches nicht auf den ersten Blick auffallen mochte!

Ist's denn nicht genug, daß Christus e i n m a l für alle gestorben ist und wir alle nun mit Ihm, auf daß wir auferstanden sind noch in unserm Fleische mit Ihm zur wahren Erkenntnis Seines Geistes, der in uns ist, und zur Erkenntnis des Vaters, der uns eher schon geliebt hatte, als die Welt wahr?!

Wie oft wohl möchtet ihr Christum noch töten, Ihn, den allein ewig Lebendigen, der uns alle einmal erwecket hat vom Tode zum ewigen Leben durch Seine herrliche Auferstehung?!

Ich, Paulus, aber sage euch: Gehet hin und zerstöret den Tempel, löschet den bezeichneten Feiertag aus den Kalendern, setzet den falschen Bischof und seine Knechte ab, die sich gleich denen von Jerusalem von eurer Hände Arbeit mästen wollen und haben sich einen großen ehernen Kasten machen lassen, der euer erspartes Gold und Silber aufnehmen solle,

und verbrennet die verbrämten Kleider, die nun vor Gott ein Greuel sind, – so werdet ihr dem Herrn schon dadurch einen bei weitem angenehmeren Dienst erweisen, als so ihr euch tausend Jahre lang möchtet in einem solchen Tempel töten (d. h. opfern; d. Hsg.) lassen!

Die Liturgie bestimmt den Ablauf eines Gottesdienstes und trägt mit zu seiner Feierlichkeit bei. Das Wort „Ehre" kommt dabei im „Gloria Patri" wie auch im „Gloria" vor. Wer daran teilnimmt, wird einbezogen in die gemeinsame Anbetung, um allein Gott die Ehre zu geben. Durch das einmalige Opfer Jesu Christi sind wir aufgerufen zum lebenslangen Loben und Danken. Das Einzige, was wir Gott reichen können, sind Lob und Dank. Dazu verhilft uns immer wieder die Liturgie.

Was über die Opferzeremonie zunächst nur angedeutet wurde (vgl. Kap. 1, Vers 28, 30, 33, 34), bricht jetzt zum „Opferdienst" in aller Deutlichkeit hervor – nicht spezifiziert, aber erklärt: „Lüge", „Apostel des Satans", „Pharisäer und Hohenpriester", „zerstöret den Tempel", „setzet den falschen Bischof und seine Knechte ab", „verbrennet die verbrämten Kleider". Paulus warnt, dass keineswegs im Gotteshaus Gott die Ehre gegeben werde, sondern wir würden vielmehr „Gott Selbst belüge[n]". Auch diese Synopse aus Epistel und Evangelium kann Paulus nicht geschrieben haben. Nur die „lebendige Stimme" konnte dies als Brief darstellen und der damit verbundene ungeheure Anspruch wird hier besonders deutlich.

Wollet ihr aber durchaus ein Gott wohlgefälliges Haus in eurer Mitte, da erbauet ein Hospital für Kranke, Lahme, für Bresthafte, für Krüppel, für Blinde und Stumme, und ein Haus für arme Witwen und Waisen, und ein Haus für fremde Verunglückte, ohne Ausnahme, wer sie immer sein mögen!

Diese nehmet freudig und mitleidig auf, und teilet allen euren Segen mit ihnen, wie es unser Herr Jesus Christus uns zweimal getan hat, da Er mit Seiner Segensfülle gesättiget hat Tausende von Hungrigen; da werdet ihr Ihm, dem allein Heiligen, einen wahren wohlgefälligen Dienst tun zu eurer Heiligung.

Denn da hat Er Selbst dafür geredet, indem Er sprach: „Was ihr aber tut den Geringsten aus diesen Armen, das habt ihr Mir getan!"

So Er Sich aber zum öfteren Male klarst darüber ausgesprochen hat, was Ihm da sei ein angenehmer Dienst, wie wollet ihr denn dann solch einen, der Ihm ein Greuel, ein Ekelgeruch und Pestilenz ist?!

Ein Herz voll Liebe aber ist der Gott, dem Herrn in Christo, allein wohlgefällige lebendige Tempel und ist Ihm lieber denn eine Welt voll salomonischer (Tempel; d. Hsg.), die alle tot sind, während das Herz lebendig ist und kann Gott und alle Brüder lieben! Also erbauet von neuem diesen Tempel in euch geistlich, und opfert allezeit im selben dem Herrn lebendig!

Die Apostel blieben im Dienst am Wort und wählten Brüder für den Dienst der Altenpflege. Somit wurden schon früh die Aufgaben innerhalb der Gemeinde aufgeteilt. Zur

Altenpflege bedarf es jedoch einer qualifizierten Berufsausbildung. Deshalb gibt es hauptberufliche Altenpfleger in der Diakonie. Der berufsmäßige Dienst an Armen und Hilfsbedürftigen wird innerhalb der evangelischen Kirche von der Diakonie, innerhalb der katholischen Kirche von der Caritas erfüllt. Kirchlich geleitete Altenheime und Krankenhäuser bieten zudem Krankenseelsorge an.

In den synoptischen Versen geht es um den „wahren wohlgefälligen Dienst". Mit der suggestiven Argumentationsweise wird all denen ein Schuldbewusstsein suggeriert, die auch heute noch mit Dankbarkeit den Gottesdienst feiern. In der sonntäglichen Kollekte für die diakonischen Arbeiten innerhalb der Gemeinde drückt sich unser Tatglaube gegenüber den geringsten Brüdern und Schwestern (vgl. Mt 25,40) aus. Die Geringschätzung des Gottesdienstes führt sowohl zum Verlust des Dienstes am Wort als auch zum Verlust des Grundsatzes *sola fide*.

Lorber, Kap. 3, Vers 18	*Kolosser 3,11*
Nicht der Tempel, nicht die Zeremonie, nicht der Priester und nicht der Bischof, auch nicht der Paulus und seine Jünger; nicht der Jude, nicht der Grieche, noch der Juden Beschneidung und die Vorhaut, noch der Tempel Salomos; also auch nicht der Urgrieche, der Skythe, der Heide, der	Da ist nicht mehr Grieche oder Jude, Beschnittener oder Unbeschnittener, Nichtgrieche, Skythe, Sklave, Freier, sondern alles und in allen Christus.

Freie, der Knecht; noch
der Sabbat, noch der
Neumond, noch das Ju-
beljahr ist etwas vor Gott,
sondern allein Christus
ist alles in allem!

Dank des Geschenks des neuen Menschen verlieren alle
Unterschiede in der Gemeinde Jesu ihre Bedeutung, obwohl sie bestehen bleiben. Die Abwandlung ergibt einen
völlig neuen Sinn: Weil allein Christus in allem ist, ist nur
er etwas vor Gott. Selbst mit „allein Christus" ist jedoch
der Grundsatz *solus Christus* keineswegs in Verbindung zu
bringen.

Lorber, Kap. 3, Vers 19	*Kolosser 3,12*
Also ziehet denn allein Christum an als die Auserwählten Gottes, als Seine Heiligen und Seine Geliebten, durch den lebendigen Glauben, durch die Liebe, durch herzliches Erbarmen über eure Brüder, durch Freundschaft, Freundlichkeit, Demut, Sanftmut und alle Geduld.	So zieht nun an als die Auserwählten Gottes, als die Heiligen und Geliebten, herzliches Erbarmen, Freundlichkeit, Demut, Sanftmut, Geduld;

Als die Auserwählten Gottes sollen wir nun unsere Heiligung leben. Dazu kleiden wir uns dank des Geistes Christi
mit herzlichem Erbarmen. Die Abwandlung von „allein

Christum" ins Negative zeigt, dass *solus Christus* tatsächlich nicht verstanden wurde. Wir haben durch den „lebendigen Glauben" „allein Christus" anzuziehen. Diese Absurdität unserer Taufe begünstigt Leiden, aber keine Heiligung.

Lorber, Kap. 3, Vers 20–21	*Kolosser 3,13*
In allem dem vertrage einer den andern, und vergebet euch gegenseitig von Herzen, was da irgendeiner hat wider den andern, und so werde auch ich euch vergeben und der Herr, wie ihr euch vergebet!	und ertrage einer den andern und vergebt euch untereinander, wenn jemand Klage hat gegen den andern; wie der Herr euch vergeben hat, so vergebt auch ihr!
Führet nicht Klagen gegeneinander gleich den Heiden, welche da haben ihre eigenen Klagegerichte, sondern seid verträglich und gegenseitig duldsam, und machet eure Sachen im Herzen aus, so werdet ihr vor dem Herrn besser tun, als so ihr alle Satzungen Mosis, die schwer zu merken und noch schwerer zu halten sind, auf das gewissenhafteste beachten möchtet; denn an den Satzungen Mosis	

hat der Herr kein Wohl-
gefallen, sondern allein
nur an einem reinen
Herzen, das Gott und die
Brüder wahrhaftig liebet.

Im Evangelium lesen wir vom Geschenk der Sündenvergebung und in der fünften Bitte des Vaterunsers von der
Schuldvergebung. Weil uns beides aus Gnade und ohne
Vorbedingung gewährt wird, können wir uns stets des
Herrn freuen und auch immer wieder beten. Die „lebendige Stimme" ersetzt „ertragen" durch „vertragen", und auf
„Klage" folgt „Klagegerichte". Nachdenklich stimmen au-
ßerdem der Kausalzusammenhang „wie ihr euch vergebet"
und die Tatsache, dass Paulus sich selbst und dann sogar
vor dem Herrn erwähnt. Wir wären jedoch verloren, wenn
der Herr uns nur in dem Maße Vergebung gewähren würde, wie wir vergeben haben.

Lorber, Kap. 3, Vers 22	*Kolosser 3,14*
Und so denn ziehet vor allem an die Liebe; denn sie allein gilt vor dem Herrn und ist das allein vollrechtliche Band aller Vollendung und aller Vollkommenheit!	Über alles aber zieht an die Liebe, die da ist das Band der Vollkommen-heit.

Vom Hohelied der Liebe wissen wir, dass die Liebe alles
erträgt und alles duldet. Glauben, Hoffnung und Liebe
sind das Bleibende – das Größte davon ist die Liebe. Die

Abwandlungen bzw. Ergänzungen „gilt allein vor dem Herrn", „vollrechtliche" und „Vollendung" trifft eher auf das einmalige Opfer Jesu Christi zu als auf unsere Heiligung.

Lorber, Kap. 3, Vers 23–24	*Kolosser 3,15*
In der Liebe und durch die Liebe regiere der wahre, vollkommene Friede Gottes in euren Herzen, in und zu welchem Frieden ihr auch allein alle berufen seid in e i n e m Leibe in Christo dem Herrn; und so ihr Ihm danket, da danket ihr Ihm darum allezeit und ewig im Geiste und in der Wahrheit,	Und der Friede Christi, zu dem ihr berufen seid in einem Leibe, regiere in euren Herzen; und seid dankbar.
aber nicht in einem toten Tempel, der da nichts ist vor Gott, dem Herrn und Geber des Lebens, der da allein sieht auf das Herz und auf dessen Frieden!	

Die erweiterte Abwandlung lautet: In dem „wahre[n], vollkommene[n] Friede[n] Gottes" sind auch „allein alle" die berufen „in e i n e m Leibe in Christo dem Herrn" (Herv. i. O.). Obwohl es heißt „im Geiste und in der Wahrheit", kann es sich hier nur um einen exklusiven Frieden und folglich auch Leib handeln – das allerdings ist inkompatibel mit den Aussagen der Episteln. Diese nämlich besagen, dass Christus die Herausgerufenen zu einem Leib zusammenführt, denn er ist das Haupt der Gemeinde. Somit besteht unsere Berufung darin, dass auch wir zu diesem einen Leib gehören. Dieser eine Leib ist nichts Äußerliches, denn der Friede Christi regiert die Glieder, die Herzen der Gläubigen. Nur in diesem einen Leib ergießt sich immer wieder der Friede Christi, weshalb wir für unsere Berufung immer dankbarer werden.

Lorber, Kap. 3, Vers 25–26	*Kolosser 3,16*
Lasset das lebendige Wort Christi reichlich unter euch wohnen in aller Liebe und wahrer, vollkommener Weisheit aus ihr! Lehret und vermahnet und erbauet euch gegenseitig mit allerlei herrlichen geistigen Dingen und Betrachtungen,	Lasst das Wort Christi reichlich unter euch wohnen: Lehrt und ermahnt einander in aller Weisheit; mit Psalmen, Lobgesängen und geistlichen Liedern singt Gott dankbar in euren Herzen.
mit Psalmen der Liebe und anderen Lobgesängen und geistlichen lieblichen Liedern; aber singet im H e r z e n und machet nicht ein leeres Geplärr mit dem Munde, so werdet ihr dem Herrn angenehmer sein, als da ist das eitle Geplärr der	

Pharisäer, Juden und
Heiden, die da ihren Lip-
pen viel zu schaffen ma-
chen des Goldes wegen,
aber ihre Herzen sind
dabei kälter denn Eis!

Auch heute noch beten wir die vom Volk Israel gesunge-
nen Psalmen. Für die gläubigen Juden war Singen selbst-
verständlich. Kurz vor der Gefangennahme stimmte Jesus
mit seinen Jüngern noch den Lobgesang an. Selbst am
Kreuz betete der Herr den Leidenspsalm, in dem es heißt:
„der du thronst über den Lobgesängen Israels". Die Kirche
Christi war stets eine singende Gemeinde. Das bekannte
Lied „Ich singe dir mit Herz und Mund" drückt deutlich
aus, dass Gott wohlgefälliges Singen beides umfasst.

Trotz Abwandlungen wie „das lebendige Wort Christi",
„wahrer, vollkommener Weisheit" und „geistlichen liebli-
chen Liedern" zeigt sich ein geradezu pathologischer Rea-
litätsverlust bezüglich des Singens. Das ist umso bemerkenswerter, als Lorber selber Musiker war. Er komponierte
jedoch keine Lieder, die in der Gemeinde gesungen wurden oder werden (Lorber-Gesellschaft 1997, Lied 13, 35).

Lorber, Kap. 3, Vers 27	*Kolosser 3,17*
Alles aber, was immer ihr tuet – sei es mit Worten oder Werken –, das tuet im Namen unseres Herrn Jesu Christi, und danket für alles Gott dem Vater	Und alles, was ihr tut mit Worten oder mit Wer-ken, das tut alles im Na-men des Herrn Jesus und dankt Gott, dem Vater, durch ihn.

durch Ihn; denn Er ist
der Vermittler zwischen
Gott und uns, – in Sei-
nem Herzen wohnet die
Fülle des Vaters!

Die bedenkliche Abwandlung besteht in der Ergänzung „in Seinem Herzen wohnet die Fülle des Vaters". Hier wird die Trinität mit einer Selbstverständlichkeit aufgehoben und zugleich der Anspruch einer Offenbarung erhoben. Neben dem Pfarrer sind auch alle Herausgerufenen zur Abwehr und somit zur Apologetik berufen: Denn der Gottesdienst ist wahrlich der Ort, wo das Wort Christi reichlich unter uns bewegt wird und somit unter uns wohnt – im Gebet, in der Predigt und im Gesang. Ganz besonders danken wir hier Gott, dem Vater, durch ihn. Seine Gegenwart verhilft uns aber auch, die Geister zu unterscheiden. Gott hat es gefallen, dass in Christus alle Fülle wohnen sollte. Ja, die ganze Fülle der Gottheit wohnt in Christus leibhaftig.

Lorber, Kap. 3, Vers 28	*Kolosser 3,18*
Höret aber auch, ihr Weiber zu Laodizea: Also will es der Herr, unser Gott von Ewigkeit, daß ihr vollkommen untertan sein sollet euren Männern in Christo dem Herrn; denn im Manne habt ihr das Haupt Christi.	Ihr Frauen, ordnet euch euren Männern unter, wie sich's gebührt in dem Herrn.

Der Seelsorger Paulus vermittelt uns im Kolosserbrief, dass sich die Heiligung auch im Alltag der Familie und somit auch in der Ehe auswirkt (vgl. Kol 3,16–4,1). Jesus hat der Frau ihre verloren gegangene Würde wiedergebracht. Obwohl Mann und Frau in der Schöpfung gleichwertig sind, hatte die Frau zur damaligen Zeit keinerlei Rechte. Vor dem Gericht hatte ihre Aussage keinen Wert. Selbst in der Bergpredigt werden nur Männer zählend erwähnt, obwohl Frauen und Kinder ebenfalls zugegen waren. Jesus stellt auch die verloren gegangene Einehe wieder her. In der Ehe erfüllt nun die Frau mit Selbstbewusstsein ihre Aufgaben, denn sie weiß, dass beide Ehepartner zur Verantwortung gezogen werden und der Gnade bedürfen. Unterordnung der Frau hat nichts mit männlicher Willkür zu tun – der Mann befindet sich in der heiligen Nachfolge Christi.

In Lorbers Vers der „lebendigen Stimme" dagegen zeigt sich eine fragwürdige Abwandlung, die sich zu einer blasphemischen Aussage steigert: Aus „ordnet euch ... unter" wird „vollkommen untertan sein", getragen wird das Ganze durch die Begründung „im Manne habt ihr das Haupt Christi". Diese blasphemische Aufwertung des Mannes findet sich in keiner Epistel (vgl. etwa Eph 5,23: „Denn der Mann ist das Haupt der Frau, wie auch Christus das Haupt der Gemeinde ist – er hat sie als seinen Leib gerettet"). Sie bekräftigt letztlich die Entwürdigung der Frau, wie sie bereits in der Nymphas-Problematik offen zutage getreten ist.

Lorber, Kap. 3, Vers 29	Kolosser 3,19
Ihr Männer aber liebet eure Weiber gerechten Maßes und seid nicht hart gegen sie; aber treibet es mit der Liebe eurer Weiber nicht zu bunt, daß ihr darob des Herrn vergessen könntet, – denn die Liebe zum Herrn muß ledig sein, also als hättet ihr kein Weib.	Ihr Männer, liebt eure Frauen und seid nicht bitter gegen sie.

Der Stand der Ehe steht unter Gottes Segen, und Jesus bezeichnet in der Bergpredigt bereits die Unreinheit der Gedanken als Ehebruch. Deshalb heißt es in Luthers Kleinem Katechismus: „keusch und züchtig leben in Worten und Werken". Im Deutschen gibt es nur das eine Wort Liebe, im Griechischen werden drei Arten der Liebe mit verschiedenen Begriffen bezeichnet: *Eros* steht für leidenschaftliche Sehnsucht, sexuelles Begehren. *Phileo* bedeutet liebhaben, jemandem wohlgesinnt sein. *Agapae* bezeichnet die tiefe, sich selbst opfernde Liebe. Auch hier geht es um die Heiligung in der Ehe. Deshalb heißt es im Katechismus zu Recht: „ein jeglicher sein Gemahl lieben und ehren".

Die Ergänzung „treibet es mit der Liebe eurer Weiber nicht zu bunt" passt nicht zur Heiligung, zumal *Eros* als Form der Liebe im Neuen Testament nicht vorkommt.

Lorber, Kap. 3, Vers 30	*Kolosser 3,20*
Und ihr Kinder seid vollkommen gehorsam euren Eltern in allen Dingen, die nicht wider Christum sind; denn das ist Sein Wille und ist Ihm angenehm.	Ihr Kinder, seid gehorsam den Eltern in allen Dingen; denn das ist wohlgefällig in dem Herrn.

Bei der Taufe versprechen Eltern und Paten vor Gott und der Gemeinde, das Kind im christlichen Glauben zu erziehen. Somit gehört das Kind auch zur Heiligung innerhalb der Familie. Neben Gott gibt es auf Erden keine höhere Autorität für das Kind als die der Eltern. Darauf beruht auch das vierte Gebot im Katechismus, das als einziges auch eine Verheißung hat: Wir sollen Vater und Mutter ehren, auf dass es uns wohlergehe und wir lange leben auf Erden. Zur Erziehung gehört der Gehorsam – mit zunehmendem Alter erkennt das Kind, dass es nicht um Kadavergehorsam geht, sondern dass der Herr die Eltern in der Erziehung leitet und Freude hat am Gehorsam des Kindes.

In der Abwandlung wird „vollkommen gehorsam" relativiert durch die Ergänzung „in allen Dingen, die nicht wider Christum sind" – ein Widerspruch in sich. Allein Christus handelte vollkommen gehorsam gegenüber seinem himmlischen Vater. Die Menschen wiederum, auch Eltern, verstoßen immer wieder gegen die Gebote und handeln somit „wider Christum". Wird das Kind dessen gewahr, könnte es verweigerten Gehorsam gegenüber den Eltern damit rechtfertigen. Die unrealistische Forderung nach absolutem Gehorsam führt damit die christliche Erziehung ad absurdum.

Lorber, Kap. 3, Vers 31	*Kolosser 3,21*
Ihr Eltern aber machet nicht bitter die Gemüter eurer Kinder durch harte Worte und Mißhandlungen, auf daß sie nicht scheu werden vor euch und möchten dann zu feigen Kriechern und Heuchlern werden; denn einen offenbaren Trotzkopf könnet ihr durch Liebe geschmeidig machen, – aber ein Heuchler und Schmeichler ist unverbesserlich.	Ihr Väter, kränkt eure Kinder nicht, auf dass sie nicht verzagen.

Die ergänzenden pädagogischen Erklärungen beziehen sich lediglich auf den „offenen Trotzkopf" und lassen die Freude des Herrn über den Gehorsam in den Hintergrund treten. Dem lässt sich entgegnen, dass unter der Führung und Gegenwart des Herrn väterliche Autorität und wohlwollendes Liebhaben zusammenspielen müssen, um das Kind in seiner Entwicklung zu fördern.

Lorber, Kap. 3, Vers 32–36	*Kolosser 3,22–4,1*
Also sage ich auch euch Knechten und Dienern eurer Herren: Seid ihnen	Ihr Sklaven, seid gehorsam in allen Dingen euren irdischen Herren;

gehorsam in allen Dingen, die nicht wider Christum sind, – aber nicht mit alleinigem Augendienste, um dadurch euren Herren zu gefallen, sondern in wahrer Einfalt eures Herzens und in stetiger Gottesfurcht.

Alles aber, was ihr verrichtet euren Herren, das verrichtet also, als dienetet ihr Christo dem Herrn in aller Treue eures Herzens – aber nicht, als dienetet ihr den Menschen –, so werdet ihr auch einst von Ihm den Lohn der Herrlichkeit überkommen.

Wer von euch aber Unrecht verübet an seiner Herrschaft, der tut es auch gleichermaßen an dem Herrn; der Herr aber sieht nicht darauf, ob jemand ist Herr oder Knecht, sondern allein auf das Werk und auf des Werkes Grund.

Wer daher Unrecht tut, dem wird auch der Herr geben dereinst den gebührenden Lohn. Ihr dient nicht allein vor ihren Augen, um den Menschen zu gefallen, sondern in Einfalt des Herzens und in der Furcht des Herrn.

Alles, was ihr tut, das tut von Herzen als dem Herrn und nicht den Menschen,

denn ihr wisst, dass ihr von dem Herrn als Lohn das Erbe empfangen werdet. Dient dem Herrn Christus!

Denn wer unrecht tut, der wird empfangen, was er unrecht getan hat; und es gilt kein Ansehen der Person.

Ihr Herren, was recht und billig ist, das gewährt den Sklaven und bedenkt, dass auch ihr einen Herrn im Himmel habt.

möget wohl die Menschen täuschen, aber der Herr läßt Sich nicht täuschen; denn vor Ihm liegen allezeit offen eure Herzen.

Euch dienstgebenden Herren aber sage ich auch, daß ihr wohl bedenket, daß die Knechte und Diener auch eure Brüder sind vor dem Herrn; daher erweiset ihnen allezeit, was da recht ist vor Gott! Gebet ihnen den gebührenden Lohn zur rechten Zeit mit Liebe in Christo, und bedenket, daß wir alle einen Herrn haben im Himmel, und dieser ist Christus, der Heilige Gottes von Ewigkeit!

Kein Wort fällt über die Abschaffung der Sklaverei. Stattdessen erstreckt sich der Gehorsam, und zwar in allen Dingen, auch auf die Sklaven. Die Herren wiederum sollen ihnen das zukommen lassen, was gemäß Kolosserbrief „recht und billig" ist.

Auch in dieser Abwandlung findet sich die Einschränkung „die nicht wider Christum sind", die den Gehorsam gleichsam wieder aufhebt. Das irdische Zeugnis des Petrus „du bist Christus der Heilige Gottes" kann keinesfalls theologisch auf den einen Herrn im Himmel übertragen werden. Der Auferstandene ist weit mehr, denn er „sitzet zur Rechten des Vaters" (Kap. 2, Vers 31). Mit dieser ergänzenden Erklärung wird die Trinität untergraben.

Lorber, Kap. 3, Vers 37	*Kolosser 4,2*
Weichet nicht ab vom Gebete, und betet mit Danksagung ohne Unterlaß, – aber nicht mit den Lippen, sondern im Geiste und in der Wahrheit mit aller Einfalt eures Herzens und in der wahrhaftigen Andacht in der Liebe zu Christo dem Herrn!	Seid beharrlich im Gebet und wacht in ihm mit Danksagung!

Die Ergänzungen „aber nicht mit den Lippen" und „in der wahrhaftigen Andacht" erwecken den Eindruck, als ob das gesprochene Gebet in Familie, Seelsorge und Gottesdienst nicht „im Geiste und in der Wahrheit" erfolgen würde und damit wertlos wäre. Dabei lesen wir im Evangelium, dass der Herr im Gebet ständig Zwiesprache mit seinem himmlischen Vater hielt. Er zog sich des Nachts allein auf den Berg zurück, um zu beten, aber er betete auch laut vor den Menschen – sei es etwa bei der Speisung der Fünftausend (Lk 9,16), bei der Rückkehr der zweiundsiebzig Jünger (Lk 10,21) oder vor seiner Gefangennahme (Joh 17,1–26).

Lorber, Kap. 3, Vers 38	*Kolosser 4,3-4*
Betet aber auch zugleich für m i c h , auf daß der Herr mir allezeit die Türe des lebendigen Wortes auftun möchte und ich allezeit reden möchte vor euch und vor allen Brüdern in Christo Sein großes Geheimnis und das Seines Reiches; denn auch ich bin noch an die Welt gebunden und bin ein ganz gemeiner Mensch, der nur dann weissagen mag, wann ihm der Herr die Türe seiner Gnade auftut.	Betet zugleich auch für uns, dass Gott uns eine Tür für das Wort auftue und wir vom Geheimnis Christi reden können, um dessentwillen ich auch in Fesseln bin, auf dass ich es so offenbar mache, wie ich es soll.

Wie uns die Episteln vermitteln, sollen wir neben dem beharrlichen Gebet zugleich auch für andere beten, also Fürbitte halten. Hier geht es um die Verkündigung, dass Gott uns helfen möge, das Geheimnis Christi sagen zu können. In vielen Ländern werden Christen auch heute noch verfolgt und eingesperrt, so wie es auch Paulus erleiden musste. Anderes lässt dagegen die „lebendige Stimme" verlauten: Bei den Abwandlungen „zugleich für m i c h" (Herv. i. O.), „des lebendigen Wortes", „Sein großes Geheimnis", „an die Welt gebunden" und den Ergänzungen „ganz gemeiner Mensch" und „Türe seiner Gnade" geht es nicht mehr um die Fürbitte für die Verkündigung, sondern vielmehr um die Fürbitte für die „lebendige Stimme", also um Lorber selbst.

Lorber, Kap. 3, Vers 39	*Kolosser 4,5*
Einfältig und weise sei euer Wandel vor und gegen jedermann, – auch gegen die, welche draußen sind, gegen Juden und Heiden! Ihr sollet niemanden richten – sei er ein Skythe, Heide, Jude, Grieche oder Ungrieche –, sondern schicket euch weise nach Zeit und Umständen!	Verhaltet euch weise gegenüber denen, die draußen sind, und kauft die Zeit aus.

Nach johanneischem Verständnis sollten Gläubige eigentlich Liebende heißen. Denn wenn die Gläubigen einander lieben, werden auch die noch außerhalb der Gemeinde Stehenden erkennen, dass die Gläubigen Jünger des Herrn sind (vgl. Joh 13,35). Gegenüber allen, die noch außerhalb der Gemeinde stehen, sollen sich die Gläubigen weise benehmen und die günstige Zeit nutzen.

Die Abwandlung „vor und gegen jedermann, – auch gegen die, welche draußen sind" lässt allerdings die Grenze zwischen den noch Außenstehenden und der Gemeinde verschwimmen. Den gleichen Effekt bewirken die Zusätze „niemanden richten" und „nach Zeit und Umständen". Das Aneinanderreihen mehrerer Wörter erschwert auch hier die Sinnfindung.

Lorber, Kap. 3, Vers 40	*Kolosser 4,6*
Eure Rede sei allezeit mit Liebe gewürzt gegen jedermann und sei voll Salz der wahren Weisheit aus Gott; aus dieser Weisheit sollet ihr allezeit nehmen, was ihr redet mit jemandem, auf daß er erfahre, wie verschieden die göttliche Weisheit ist von dem Wissen der Weltweisen.	Eure Rede sei allezeit wohlklingend und mit Salz gewürzt, dass ihr wisst, wie ihr einem jeden antworten sollt.

Salz zum Würzen, zur Konservierung und zur Heilung war damals rar und kostbar. Damit wir unserem Gegenüber im Gespräch auch wirklich etwas zu sagen haben, soll unsere Rede gehalt- und kraftvoll, also wie mit Salz gewürzt sein.

In der Abwandlung klingt dagegen an, dass uns dank des Heiligen Geistes die rechten Worte in den Mund gelegt werden. Hier geht es jedoch nicht um das Zeugnis für den Herrn, sondern vielmehr um „die göttliche Weisheit". Das „Salz der wahren Weisheit aus Gott" wird zur Genüge bewiesen. Offen bleibt, ob auch jene, denen die „lebendige Stimme" versagt bleibt, diese Weisheit ergründen können.

Lorber, Kap. 3, Vers 41

Ich, Paulus, aber meine nun, daß ich nichts unterlassen habe, euch zu zeigen, was da ist unter euch, und wie es ist ein giftig Unkraut, ja ein schädlichster Giftbaum, dessen Hauch alles ersticket; und so habe ich nichts mehr wider euch!

Die Salzmetapher illustriert lediglich die Irrungen innerhalb der Gemeinde in Laodizea, trägt jedoch zur Erschlie-
ßung der eigentlichen Satzaussage wenig bei.

Lorber, Kap. 3, Vers 42

Das aber, liebe Brüder, sei allezeit eine wahre Zeremonie unter euch, daß ihr im Geiste und in der
Wahrheit Gott, dem Vater in dem Sohne, dadurch
die Ehre gebet, daß ihr Ihn allezeit liebet über alles in
Seinem Sohne, der für uns alle aus Liebe am Kreuz
gestorben ist, um uns zu bringen die Kindschaft wieder, die unsere Väter von Adam her allesamt verwir-
ket haben.

Nach christlichem Taufverständnis ist uns dank der Taufe
der Heilige Geist zugesagt. Daraufhin schließt sich die
Heilige Schrift beim betenden Lesen auf, werden unsere
Sünden vergeben und erhalten wir Eintritt in die Gemeinschaft der feierlichen Handlung der Herausgerufenen.

Der eigenständige Vers suggeriert stattdessen erneut
all jenen ein schlechtes Gewissen, die einer Gemeinschaft
beiwohnen, in der die Trinität geehrt wird. Die „göttliche
Weisheit" scheint die erfahrbare Spiritualität geradezu
ersticken zu wollen.

Lorber, Kap. 3, Vers 43

Ich aber bitte euch um Gottes willen, daß ihr würdige
Früchte einer vollen Umkehr von euerm neuen
Heidentume in die lebendige Kirche Gottes bringet,
welche in euch, aber nicht in den Tempeln, Gewän-
dern und in irgendeiner Zeremonie wohnet.

Der Kolosserbrief besagt, dass wir durch den Glauben aus der Macht der Finsternis errettet und in das Reich des Sohnes aufgenommen sind – denn das Reich Gottes ist inwendig in uns (vgl. Kol 1,13). In dem synoptischen Vers begegnen uns verschiedene ergänzende Andeutungen aus den Evangelien. Die Formulierung „würdige Früchte" erinnert an das Johannesevangelium: „Ich bin der Weinstock, ihr seid die Reben. Wer in mir bleibt und ich in ihm, der bringt viel Frucht; denn ohne mich könnt ihr nichts tun." (Joh 15,5) Johannes der Täufer predigte die Taufe der Buße, das heißt der Umkehr, zur Vergebung der Sünden. Im Vers ist die Rede von der „vollen Umkehr". Aufgrund des Bekenntnisses von Petrus gilt ihm die Verheißung, dass Christus auf diesen Felsen seine Gemeinde, also seine Kirche, bauen will. Stattdessen heißt es hier sogar „lebendige Kirche Gottes". In der Gemeinschaft der Heiligen ist das Reich Gottes mitten unter uns, sodass wir auch falsche Apostel erkennen können. Um seine subtile Lehre zu unterstreichen, stellt die „lebendige Stimme" „um Gottes willen" voran. Erneut wird tendenziös gegen die feierliche Handlung argumentiert. All das geschieht im Missbrauch von Gottes Namen und kommt somit einer Blasphemie gleich.

Lorber, Kap. 3, Vers 44
Die Liebe Gottes und die Gnade unseres Herrn Jesu Christi sei mit euch allezeit und ewig!

In der Liturgie beginnt jeder Gottesdienst im Namen der Heiligen Trinität: „Im Namen des Vaters, des Sohnes und des Heiligen Geistes." Dies wird nochmals – wenngleich heute nicht mehr von allen – mit dem Kanzelgruß vor der Predigt bekräftigt: „Die Gnade unseres Herrn Jesus Christus, die Liebe Gottes und die Gemeinschaft des Heiligen Geistes sei mit euch allen." Der Heilige Geist führt die Herausgerufenen in die Gemeinschaft der Heiligen und nun wird bewusst um die Gemeinschaft des Heiligen Geistes mit den Gläubigen gebeten.

Zwischen „allezeit" und „ewig" liegt nur eine Nuance, wohingegen hier die Trinität unvollständig ist. Klingt zu Beginn des Briefes (vgl. Kap. 1, Vers 12) noch der Gruß von Kol 1,1 an, so zeigt sich zum Ende eine Entstellung.

Lorber, Kap. 3, Vers 45	*Kolosser 4,7–8*
Wie es aber um mich steht in Rom, das wird euch kundtun der getreue Bruder Tychikus, den ich nun sende zu euch, wie zu den Kolossern, die da gleichermaßen wie ihr sich vom Satan möchten berücken lassen.	Wie es um mich steht, wird euch alles Tychikus berichten, der liebe Bruder und treue Diener und Mitknecht in dem Herrn, den ich darum zu euch sende, dass ihr erfahrt, wie es uns ergeht, und damit er eure Herzen tröste.

Dem Kolosserbrief entnehmen wir, dass auch die Gemeinde aus Kolossä auf Nachricht wartete, da Paulus im Gefängnis saß und einen schweren Prozess führen musste.

Wie müssen die Herzen erquickt worden sein, als sie den seelsorgerischen Brief vom Apostel und darüber hinaus die Auskunft von seinem lieben Bruder und treuen Diener Tychikus erhielt.

Stattdessen erfahren wir in der Abwandlung, dass auch die Kolosser „sich vom Satan möchten berücken lassen". Dies hat besonderes Gewicht, da dafür „er eure Herzen tröste" (Kol 4,8) wegfällt. Das gute Verhältnis zwischen Paulus, Tychikus und den Kolossern wird dadurch überhaupt nicht mehr deutlich. Vor dem Satan zu warnen und zugleich die Sachverhalte tendenziös derartig durcheinanderzuwerfen, ist keine Gnade der „lebendigen Stimme", sondern schlichtweg diabolisch.

Lorber, Kap. 3, Vers 46	*Kolosser 4,15*
Grüßet mir alle lieben Brüder und den Nymphas und seines Hauses getreue Gemeinde; denn ich gebe ihm Zeugnis, daß er gerecht ist und allezeit wie ich zu Gott betet euretwillen.	Grüßt die Brüder und Schwestern in Laodizea und Nympha und die Gemeinde in ihrem Hause.

Das gute Verhältnis zur Gemeinde wird auch in Kol 4,15 deutlich: Neben den Brüdern bedenkt Paulus auch die Schwester Nympha und die Gemeinde in ihrem Haus mit Grüßen. Schließlich gründete Lydia, die erste Christin Europas, in ihrem Haus auch einen Hauskreis. Auf die Anrede „guter Meister" antwortet der Herr, dass niemand gut ist als Gott allein (Mk 10,17–27).

In Vers 46 von Lorbers Laodizenerbrief setzt sich die tendenziöse Abwandlung fort: Erneut wird der männliche Nymphas statt die weibliche Nympha bemüht. Kein Wort fällt hier und im gesamten Brief über *sola fide* und die Rechtfertigung aus dem Glauben (vgl. Röm 5,1). Die „lebendige Stimme" spricht nicht von Paulus als dem begnadigten und gerechtfertigten Sünder und auch nicht davon, dass selbst der Herr es ablehnt, als „gut" bezeichnet zu werden. Es erschließt sich also nicht, warum nun Nymphas – ohne Bezug auf den Glauben – als „gerecht" bezeugt wird. Vor Gericht galt das Zeugnis der Frau nicht und es kommt einer Verhöhnung gleich, nun auf einem unbegründeten Tatbestand ein Zeugnis abzugeben. Ungeachtet dieser Ungerechtigkeit ist sogar noch von „allezeit wie ich zu Gott betet" die Rede – ein erneuter Missbrauch des Gottesnamens. Es darf bezweifelt werden, dass die Auswirkungen eines solchen Jonglierens mit Wörtern der „lebendigen Stimme" bewusst gewesen sind.

Lorber, Kap. 3, Vers 47

Grüßet auch die zu Kolossä, so ihr zu ihnen kommt; denn es sind einige unter ihnen, die ihr kennet, die da allezeit gerecht sind und getreu in dem Glauben und in der Liebe zu Gott.

Laut Kolosserbrief übertrug sich die fürsorgliche Liebe des Seelsorgers Paulus auch auf Epaphras, einen Knecht Jesu, der allezeit für die Kolosser betete. Paulus bezeugt Epaphras die Mühe der Fürbitte (vgl. Kol 4,12).

Die Unterscheidung zwischen „allezeit gerecht" und „getreu in dem Glauben" deutet auf eine Gerechtigkeit aus guten menschlichen Werken hin, nicht aber auf die Gerechtigkeit aus dem Glauben, die allein vor Gott zählt. Da nur „einige ... allezeit gerecht" seien, ist nicht eindeutig, ob die Grüße wirklich allen gelten.

Lorber, Kap. 3, Vers 48	Kolosser 4,16
Wenn aber die Kolosser werden ihren Brief gelesen haben, dann leset auch ihr ihn, so wie ich euch um des Herrn willen bitte, daß ihr diesen Brief eben auch die Kolosser sollet lesen lassen!	Und wenn der Brief bei euch gelesen ist, so sorgt dafür, dass er auch in der Gemeinde von Laodizea gelesen wird und dass ihr auch den von Laodizea lest.

Epaphras, treuer Diener Jesu Christi, hatte viel Mühe mit den Gemeinden in Kolossä, Laodizea und Hierapolis. Die Gebete und Fürbitten erstreckten sich somit auf den gesamten Leib Christi und nicht nur auf die der eigenen Gemeinde. Noch heute lesen wir die verschiedenen Briefe des Paulus und lernen immer wieder neu, die vielfältigen Aspekte der Nachfolge Christi zu bedenken. Ein tendenziöses Plagiat zu „offenbaren" und es dann noch mit der Ergänzung „um des Herrn willen" zu versehen, entspricht zumindest einem Missbrauch des Gottesnamens.

Lorber, Kap. 3, Vers 49

Denn er tut ihnen so not wie euch. Schließlich aber vermahne ich euch hier schriftlich – wie euch allen auch solches mündlich kundtun wird Tychikus –, daß dieser Brief in allen Gemeinden soll gelesen werden, wie der an die Kolosser.

Der Kolosserbrief wird auch heute noch weltweit und somit in allen Gemeinden gelesen. Es war und ist Gottes Wille, dass wir reife Christen werden sollen. Wir lassen uns daher nicht durch ein „Vermahnen" verunsichern, sondern offenbaren vielmehr den trügerischen Anspruch dieses Plagiats. Die Aufforderung, dass dieser Brief „in allen Gemeinden soll gelesen werden", kommt einem geistigen Hochmut gleich, der nicht recht zur vielfach beteuerten Demut des „Schreibknechtes Gottes" passen will.

Lorber, Kap. 3, Vers 50	*Kolosser 4,18*
Meinen Gruß mit meiner eigenen Hand: Gedenket meiner Liebe! – Die Gnade unseres Herrn Jesu Christi sei mit euch!	Mein Gruß mit meiner, des Paulus, Hand. Gedenkt meiner Fesseln! Die Gnade sei mit euch!

Paulus schreibt mit seinem Namen und eigener Hand einen Gruß, was er ansonsten nur im Korintherbrief und im Thessalonicherbrief tut (1 Kor 16,21; 2 Thess 3,17). Umso bemerkenswerter, weil er nie in Kolossä gewesen ist, also weder die Gemeinde gründete noch kannte. Jetzt sitzt der Märtyrer im Gefängnis und braucht die Fürbitte. Ihm ist die Gnade alles. Noch heute gibt es den reformatorischen Grundsatz *sola gratia*.

Das Wort „Fesseln" wurde schon einmal abgewandelt in „an die Welt gebunden" (Kap. 3, Vers 38) und nun in „Liebe". Die „lebendige Stimme" diktierte diesen Brief in Greifenburg, Paulus diktierte ihn im Gefängnis in Rom „in Fesseln". Die Abwandlung kommt einer Verhöhnung gleich – schließlich bedürfen die verfolgten und eingesperrten Christen weltweit unserer Fürbitte.

III Resümee

Die vergleichende Gegenüberstellung von Lorbers Laodizenerbrief und dem Kolosserbrief fördert zahlreiche Un-
stimmigkeiten und Abweichungen in Lorbers Schrift zutage (vgl. Tabelle 1). Inhalt, Schreibweise und Interpunktion
hat die „lebendige Stimme" zumeist drastisch verändert,
die Formulierungen sind durchweg inkompatibel mit den
Episteln. Durch den so verfälschten Sinn büßt das Werk
an Glaubwürdigkeit ein.

	1. Kapitel	*2. Kapitel*	*3. Kapitel*	*Gesamt*
Eigenständige Verse	41	11	7	59
Abgewandelte Verse	13	25	27	65
Synoptische Verse			16	16
				140

Tabelle: Verteilung von eigenen, abgewandelten und synoptischen
Versen in Lorbers Laodizenerbrief

Im Ganzen wird für ein „reines Geisteschristentum" plä-
diert und eine kritische, jedoch unbegründete Haltung
gegenüber der Kirche eingenommen, was sich immer wieder an der Anklage von „unberufenen Bischöfen", „Geistlichkeit", „Zeremonien" und „verbrämten Kleidern" zeigt.

Schon allein die Tatsache, dass es in der Entstehungszeit des Laodizenerbriefs, um 60 n. Chr., weder Bischöfe noch kirchliche Zeremonien gegeben hat, belegt, dass es sich um Lorbers eigene distanzierte Haltung handelt, die die „lebendige Stimme" im Laodizenerbrief wiedergibt. Mehr noch, sie warnt vehement vor der Gnosis der Gemeinde in Laodizea und nutzt doch selbst gnostisches Gedankengut! So konstatiert auch Stettler-Schär (1966, S. 13 f.) ganz richtig, dass sich gerade an den von der scheinbaren Gottesstimme diktierten Briefen viel von Lorbers Selbsteinschätzung ablesen lasse, nämlich „[n]aive Eitelkeit und Stolz auf seine musikalische Begabung wie besonders auch auf seine religiöse Tätigkeit", und dass die Grenze zwischen der Stimme des Herrn und Lorbers eigener Persönlichkeit nicht klar gezogen sei. Selbstüberhöhung und mangelnde Demut stechen auch im Laodizenerbrief deutlich ins Auge, von einer authentischen Offenbarung kann also mitnichten die Rede sein.

Ein unkritisches Lesen des Laodizenerbriefs mag dazu verleiten, die kritische Haltung gegenüber der Kirche bewusst oder unbewusst zu übernehmen. Doch wird beim betenden Lesen offenbar, dass sich Lorbers Verse mithilfe des Heiligen Geistes nicht als Gottes Wort aufschließen lassen, sondern ein Plagiat religiösen Charakters sind. Hier schließt sich der Kreis zum eingangs zitierten Bibelspruch:

> Verlass dich auf den HERRN von ganzem Herzen, und verlass dich nicht auf deinen Verstand, sondern gedenke an ihn in allen deinen Wegen, so wird er dich recht führen. (Sprüche 3, 5–6)

IV Literatur

Primärliteratur

Die Bibel. Lutherübersetzung. Revidierte Ausgabe. Deutsche Bibelgesellschaft, 2017.

Evangelisches Gesangbuch. Ausgabe für die Evangelische Kirche im Rheinland, die Evangelische Kirche von Westfalen, die Lippische Landeskirche. Bielefeld: Gütersloher Verlagshaus Gerd Mohn/Bielefeld: Luther-Verlag/Neukirchen-Vluyn: Neukirchener Verlag des Erziehungsvereins, 1996.

Lorber, Jakob: Paulus' Brief an die Gemeinde in Laodizea. Bietigheim: Lorber-Verlag, 1980.

o. A.: Brief des Apostels Paulus an die Gemeinde in Laodicea (Brief Pauli an die Kolosser IV, 16). Heilbronn/Leipzig: Johann Ulrich Landherr Verlag, 1851.

Sekundärliteratur

Berger, Klaus/Nord, Christiane: Das Neue Testament und frühchristliche Schriften. Frankfurt: Insel Verlag, 1999.

Betz, Hans D. (Hrsg.): Religion in Geschichte und Gegenwart. Handwörterbuch für Theologie Religionswissenschaft. Band 4. 4., vollständig neu bearbeitete Auflage. Tübingen: Mohr Siebeck, 2008.

Daxner, Andrea: Wi(e)der die Wahrheit. Neuoffenbarungsbewegungen am Beispiel der Lorber-Bewegung. Eine Herausforderung für Seelsorge, Beratung und Forschung. Dissertation, Universität Wien, 2003.

Junge, Michael: Dokumentation um Jakob Lorber. Books on Demand, 2004.

Lorber-Gesellschaft (Hrsg.): Lieder zum Mitsingen. Für Freunde der Neuoffenbarung durch Jakob Lorber. 1997.

Luger, Hermann: Bibel und Neuoffenbarung. In: Das Wort 6/1923, S. 76–83.

Neu-Salems-Gesellschaft (Hrsg.): Briefe Jakob Lorbers. Urkunden und Bilder aus seinem Leben. Bietigheim: Neu-Salems-Verlag, 1931.

Pöhlmann, Matthias: Lorber-Bewegung – durch Jenseitswissen zum Heil? (= Reihe Apologetische Themen, Bd. 4). Konstanz: Friedrich Bahn Verlag, 1994.

Pöhlmann, Matthias/Jahn, Christine (Hrsg.): Handbuch Weltanschauungen, religiöse Gemeinschaften, Freikirchen. Gütersloh: Gütersloher Verlagshaus, 2015.

Stettler-Schär, Antoinette: Jakob Lorber. Zur Psychopathologie eines Sektenstifters. Bern: Arnaud Druck, 1966.

Tibusek, Jürgen: Ein Glaube, viele Kirchen. Die christlichen Religionsgemeinschaften – Wer sie sind und was sie glauben. Gießen: Brunnen-Verlag, 1996.